長崎偉人伝

長与《ながよ》専斎《せんさい》

小島和貴

はじめに

長与専斎（一八三八―一九〇二）は、祖父も父も蘭学の素養をもった大村藩（現長崎県）の医家であったことから幼少より西欧の知識にふれる機会に恵まれていた。緒方洪庵（一八一〇―一八六三）が主催した適塾では日本を代表する思想家として知られる福沢諭吉（一八三五―一九〇一）の後を受けつぎ塾頭にまでなった俊才であった。その専斎の人生の転機となる出来事が明治四年（一八七一）の岩倉遣外使節団への随行である。鳥羽伏見の戦いを制した明治政府は、不平等条約の改正と西欧の諸制度の調査等のため、岩倉具視（一八二五―一八八三）を中心に使節を派遣することに決した。専斎はこの「一大使節団」の話を耳にすると、自ら希望して、欧米の医事制度の調査にあたる機会を得た。その最中、サニタリー（*sanitary*）、ヘルス（*health*）、ゲズンドハイツプフレーゲ（*Gesundheitspflege*）

長与専斎
明治５年ベルリンにおいて撮影
（35歳）（「松香遺稿」より）

等の言葉が耳に残り、調査を進めたところ、西欧諸国では政府の進める「健康保護」事業が認められていることに注目したのである。

ローゼン（George Rosen, 1910―1977）は、「国民に衛生や福祉を保障することは、近代国家の最も重要な機能の一つである」とする。この指摘から明らかになることは、近代国家と衛生の問題は関係が深いということである。そして伝染病の問題は住民の健康・生命にかかわる大問題であったことから、国家的な対応を必要としたのである。

岩倉遣外使節団より帰国した専斎は、文部省医務局長として医制の制定に関与し、以後、西欧諸国に範をとった医療・衛生制度を整えることに尽力する。そして医制の制定を実現すると、西欧での調査を通じて理解を深めた政府の進める「健康保護」事業のための仕組みを整えるために、あるいは「国民の健康保護」を推し進めるために、初代内務省衛生局長としての職責に臨むのであった。

しかしその一方で専斎は、コレラをはじめとする伝染病の問題にも取り組むことを余儀なくされる。それは明治十年代のコレラの流行により犠牲者が無視できない数に上ったことが大きな原因である。またコレラに加えてチフスや赤痢といった伝染病も流行をくりかえした。歴史学者の色川大吉はこうした伝染病の被害の大きさに着目して次のように指摘する。

明治十九年（一八八六）、この一年間に、わずか四種の伝染病（コレラ、天然痘、腸チフス、赤痢―筆者注）だけで、日本はじつに十四万六千人以上の尊い人命を失った計算になる。人民にしてみれば日露戦争をひとつやったほどの深い悲しみ、大きな惨害であった。

（『日本の歴史―近代国家の出発』より）

近代化を模索する明治政府は諸外国に範をとりながら、殖産興業や富国強兵といった諸政策を展開した。そのために各種法典編纂事業にみられるように法制度の整備を進め、官吏制度を整え、電信網を整備し、官営工場を設立し、経済力の育成に取り組んだ。しかし、その一方で明治政府を悩ませた問題があった。それが色川の指摘にもみてとれるように、コレラをはじめとする伝染病の蔓延であった。（表1）にみえるように、明治期、伝染病により多くの人命が奪われていたのである。

専斎は西欧諸国の調査において近代国家の建設にとって「健康保護」事業を進めるための仕組みを整えることが重要であると理解し、その実現に向け自ら構想し、建言

（表1）伝染病による死者数

年次	コレラ	赤痢	腸チフス	痘瘡	発疹チフス	ジフテリア
明治　9	・	76	108	145	・	29
10	8,027	38	141	653	・	192
11	275	181	558	685	・	132
12	105,786	1,477	2,530	1,295	601	534
13	618	1,305	4,177	1,731	360	1,019
14	6,237	1,802	4,203	34	152	572
15	33,784	1,313	5,231	197	194	1,130
16	434	5,066	5,043	295	120	1,231
17	417	6,036	5,969	410	445	1,266
18	9,329	10,690	6,672	3,329	365	1,440
19	108,405	6,839	13,807	18,678	1,577	1,465
20	654	4,257	9,813	9,967	448	1,429
21	410	6,576	9,211	853	208	1,450
22	431	5,970	8,623	328	88	1,495
23	35,227	8,706	8,464	25	67	1,438
24	7,760	11,208	9,614	721	203	1,974
25	497	16,844	8,529	8,409	62	2,531
26	364	41,284	8,183	11,852	56	3,205
27	314	38,094	8,054	3,342	33	2,903
28	40,154	12,959	8,401	268	49	3,025

（『医制百年史』（資料編）より作成。「・」は数値なし）

書を認《したた》め、行動していたのであったが、こうした取り組みに加えて、被害を出し続けるコレラをはじめとする伝染病の問題にも、改めて対処することが求められるようになったのである。

ところで江戸時代の人々は暴飲暴食や過度の疲労を避けるなど「養生」を旨として自身の健康管理をおこなっていた。しかし住民たちのこの健康観は明治政府の治世では一変することとなる。住民の健康に政府が介入することとなったのである。この変化の過程に起こった出来事は、欧米諸国におけるサニタリーやゲズンドハイツプフレーゲが紹介され、実践が目指されるようになったということである。そしてこの明治という新しい時代において、住民の「健康保護」を図るべく新たな諸制度の立案や実施の陣頭指揮をとったのが専斎であった。

専斎は初代内務省衛生局長としておよそ十六年にわたり自らの職責を果たすべく鋭意努力した。そのため専斎のイメージは、初代内務省衛生局長であり、近代日本最初の衛生官僚ということとなる。しかし一方で専斎は、適塾頭、精得館長、東京医学校長（東京大学医学部の前身）、元老院議員、中央衛生会長、貴族院議員、大日本私立衛生会頭、など様々な顔をもった。土方久元（一八三三―一九一八）は「『衛生』という言葉をきくと長与専斎を思い出す」と指摘し、鶴見祐輔（一八八五―一九七三）は、「衛生局の歴史は、即ち長与専斎の歴史である」とふりかえる。『内務省史』では、「わが国の衛生行政の基礎をきずきあげたのは長与専斎であるといって過言ではない」と紹介する。

こうした経歴や指摘から判明することは、専斎は明治初期から中期にかけて、日本の医療・衛生制度の設計・実施について責任ある立場から広くかかわりをもったということである。そのため日本の医師・薬舗制度や伝染病予防制度の形成について、専斎の貢献なしに語ることは困難となる。そこで本書は、近代日本の医療・衛生制度の形成に深いかかわりをもち、そして医学会や言論界、あるいは官界などで活躍する人材を育てた近代日本最初の衛生官僚である長与専斎の足跡を確認することとしよう。

本書を通じて明治期における住民の「健康保護」実現に向けた諸制度の整備や実施に奔走した、日本を代表する衛生官僚の構想とその取り組みを確認することができるであろう。

※年齢は数え年による。
※月日は明治五年までは太陰暦、同六年以降は太陽暦による。
※本書では煩雑を避けるため、注記を付すことはせず、主要参考資料及び文献を巻末に示した。
※明治十年に設置された東京大学医学部は、以後、帝国大学医科大学（明治十九年～）、東京帝国大学医科大学（明治三十年～）、東京帝国大学医学部（大正八年～）、東京大学医学部（昭和二十二年～）と名称が変更される。本書では東京大学医学部とする。
※「長与専斎年譜」（『松本順自伝・長与専斎自伝』）には、不二子、美智子の名がみえるが、本書では、藤子、道子とした。
※引用文は適宜旧字体を新字体に改めるなどした。
※コレラは、「虎列刺」、「虎烈刺」などの表記がみられるが、原文のままとした。

もくじ

はじめに 8

第一章 専斎と西洋医学 …… 11
俊達と専斎／適塾時代／長崎時代

第二章 「健康保護」事業の導入への取り組み …… 39
岩倉遣外使節団／医制／初代内務省衛生局長／「衛生意見」

第三章 コレラの流行とその対策 …… 71
明治十年のコレラ／中央衛生会と地方衛生会／府県衛生課と町村衛生委員／伝染病予防規則と明治十三年の「心得書」

第四章 「健康保護」事業の拡張への取り組み …… 101
「衛生事務拡張論」／山田顕義／後藤新平／内務省衛生事務諮問会

第五章　住民との連携への取り組み …… 129
大日本私立衛生会／「各自衛生」と「公衆衛生法」

第六章　「官」と「民」の協調論の提唱 …… 145
「十九年の頓挫」／明治二十三年の「心得書」／「衛生工事」

第七章　専斎とその家族 …… 177
園子との結婚／八人の子供たち／長与家家業の継承―称吉と又郎／
娘たち―保子、藤子、道子／貿易・官界・言論界での活躍―程三、裕吉、善郎

第八章　内務省衛生局長退任とその後の活動 …… 235
後任の衛生局長／伝染病研究所／「富ノ発達」の保護と「文明ノ市街」の建設／晩年

おわりに
長与専斎略年譜
主要参考資料及び文献
あとがき

第一章

専斎と西洋医学

宜雨宜晴亭（大村市 HP より）
天保初年、祖父俊達が建てられ、幼少時、専斎が過ごした。
専斎の号をとって「松香館」と呼ばれることもある。

俊達と専斎

蘭学研究のため藩医を追われた祖父

長与専斎は、天保九年（一八三八）、肥前国彼杵《その ぎ》郡大村（現在の長崎県大村市）に誕生した。肥前国とは古代律令制に基づいた令制国の一つである。徳川幕藩体制下の彼杵郡は、一部が幕府の直轄領となり、その他は、佐賀藩、平戸藩、大村藩によって統治された。

長与家は大村一族の配下にあった大村藩に仕える医家の家系として知られる。その長与家に俊達（一七九〇－一八五五）がいた。これが専斎の祖父である。俊達は、杉田玄白（一七三三―一八一七）や前野良沢（一七二三―一八〇三）らの尽力により出版された『解体新書』（一七七四）をはじめとする蘭方の医学が日本で紹介される様をみて、それに関心を示すようになり、自らも蘭学をはじめた。専斎によれば俊達は、『解体新書』などの蘭方医術の書にふれるに従い、「医道の正理はここなりと発明」し、以後、傾倒していったとのことである。専斎はこの俊達の影響を受けながら幼少期を過ごした。

ところが徳川幕藩体制下にあって、未だ国禁の学とされていた蘭学に傾倒したことで藩からの不信を買い、俊達は藩医の仕事を続けることができなくなってしまった。しかし俊達はそうした逆境に窮することなく自ら信じる道を、江戸より戻った息子中庵とともに突き進んだ。この中庵が専斎の父である。俊達と中庵は父子そろって蘭学研究に打ちこんだ。藩の仕事を解任された長与家の家計はひっ迫し、一領の羽織を父子代《か》わる代《が》わる羽織《はお》っては出かけるほどであったらしい。しかし刻苦勉励の成果は間もなく訪れる。第十代藩主純昌《すみよし》（一七八六―一八三八）が蘭方医学に理解を示すようになると、俊達の藩医としての地位は回復されることとなったのである。後に十一代藩主となる純顕《すみあき》（一八二二―一八八二）の病状が思わしくなかったところへ、俊達の治療方針を採用したところ病状が回復した。このときの俊達の力量が評価され、純昌の信頼を得ることにつながったとのことである。

ただし俊達は、藩医として返り咲いたことで満足したわけではなかった。俊達の西洋医学への関心は強く、モーニッケ（Otto Gottlieb Johann Mohnike, 1814―1887）という医師が牛痘を携えて来日するとの報に接すると、天領として幕府の配下にあった長崎まで出かけ、牛痘の入手を試みた。残念ながらこのときもたらされた牛痘は、すでに効力をなくしており、善感（種痘などが免疫をえた状態）には至らなかったが、その後も俊達はこれにくじけることなく大村藩の種痘事業の普及を図るべく取り組み続けた。大村藩での種痘について俊達を抜きに語ることが困難な所以《ゆえん》である。

息子中庵が早世し、俊達は孫専斎に期待

俊達の貢献が評価され、再び長与家が大村藩医となったことで、貧困生活から脱出したかに思えた直後、今度は専斎の父、中庵が三十半ばにしてこの世を去った。俊達は中庵の才能に期待をかけ、漢方のみならず蘭学の素養も身に着けさせたが、中庵は俊達の期待に十分応える前に死んでしまった。このとき、中庵に代わり俊達が期待し

長与俊民、長与俊達、長与中庵の墓（青山霊園）

たのが専斎である。専斎は九歳で嫡孫《ちゃくそん》承祖《しょうそ》（相続）が認められ、長与家の家督相続人となった。専斎は、西洋の学問に取り組んだこれまでの苦労やその効用を俊達より説かれ、「世には蘭学ほど貴きものはあらじ、いかにもして斯学を勉め父祖の志をも成さばや」と思いこんだようである。一方、当時の日本のコミュニケーションツールは漢学であったことから、こちらの修養も必要とされ、専斎が十二歳になると藩校五教館《ごこうかん》での寄宿舎生活が始まった。

　五教館は徳川幕藩体制下にあって比較的早くより設置された藩の教育機関であり、九州地方ではもっとも早かった。大村藩第四代藩主純長（一六三六―一七〇六）が設置した当初は集義館と称されたが、九代藩主純鎮《すみやす》（一七五九―一八一四）のときに五教館と改称される。藩校はもともと武士の子弟のために設置されることが多かったが、五教館は武士だけでなく町民・農民の子弟にも門戸が開かれていた。五教館は、明治期にあって東京府知事となる楠本正隆（一八三八―一九〇二）や大阪府知事となる渡辺昇（一八三八―一九一三）、福岡県令となる渡辺清（一八三五―一九〇四）などの官僚・政治家を輩出した。三菱の創設者として有名な岩崎弥太郎（一八三五―一八八五）もこの五教館で学んだ一人であった。幕末にあって五教館の名はよく知られるようになり、藩外の者もここで学ぶことを希望したのである。各地の藩校は明治期に入ると廃止されていったが、五教館のように旧制中学校として存続するものもあった。五教館は明治以降、戦後の長崎県立大村高等学校の基礎を作っていった。

五教館で漢学の素養を積んだ専斎は十七歳になると、俊達の勧めで今度は蘭学を学ぶこととなる。俊達の考えは、漢学は「日常の用事を弁じ他日翻訳の業に差支えざる程」で十分であるというものであったらしい。このとき俊達は、大阪の緒方洪庵の下に専斎を遣わすこととした。専斎の適塾生活の幕開けである。

緒方洪庵（大阪大学適塾記念センター所蔵）

適塾《てきじゅく》時代

「ヅーフ部屋」で福沢諭吉らと蘭学に励む

緒方洪庵は蘭学医としての名声を博し、かつ適塾の主催者であった。『解体新書』が出版された直後、江戸では蘭学塾の芝蘭堂《しらんどう》が大槻玄沢《おおつきげんたく》（一七五七―一八二七）によって開かれた。この芝蘭堂からは多くの有能な蘭学者が排出された。大槻の薫陶を受けた蘭学者に中天游《なかてんゆう》（一七八三―一八三五）や宇田川玄真《うだがわげんしん》（一七七〇―一八三四）がいた。洪庵は中や宇田川に学び、その後、自身の塾の開設に漕ぎつけた。これが適塾である。当時洪庵はいくつか「号」を使用しており、その一つが「適々斎」であった。そのため適塾は「適々斎塾」や「適々塾」と称されることがあるが、「適塾」の名がその後広く知られるようになった。適塾は洪庵の号の一つからとったものである。

洪庵が大阪の瓦町に開設したのは、専斎が誕生したのと同じ天保九年（一八三八）

塾生大部屋（大阪大学適塾記念センター所蔵）

のことである。以来、この塾は幕末にあって人気となり、大村益次郎（一八二五―一八六九）、佐野常民《さのつねたみ》（一八二二―一九〇二）、橋本左内《はしもとさない》（一八三四―一八五九）、大鳥圭介（一八三三―一九一一）、福沢諭吉（一八三五―一九〇一）などの逸材を輩出する。適塾は医学の知識だけでなく、広く西欧の知識にふれることを希望する者たちが入塾を希望した塾であった。

専斎は安政元年（一八五五）初夏、大村から小倉経由で乗船、六月下旬には大阪に到着し、適塾での学びをはじめた。専斎が入塾したとき、全国より塾生は集まり、その数は常に百人を超えていたという。この適塾というのは専斎にして「全国第一の蘭学塾」であった。この塾について専斎は次のように指摘する。

元来適塾は医家の塾とはいえ、その実蘭書解読の研究所にて、諸生には医師に限らず、兵学家もあり、砲術家もあり、本草家も舎密家も、およそ当時蘭学を志す程の人はみなこの塾に入りてその支度をなすことにて、余が如きは読書解文のことをこそ修めたれ、医療のことはなお全く素人におなじく、医師たるの業務は何とて心得たることなれば、一度は江戸に出でて、治療の大家に就き実地の修業をなし、かつは広く天下の蘭学者に交わりて世の形勢をも観察し、その上にてはまたなすべきようもあるべしとかねて思い立ちたりければ、今は壮年の意気鋭く帰国などのことは思いもよらず（以下略）

（『松香私志』より）

辞書「ヅーフ」を奪いあう

適塾での学びで様々な機会に紹介される一つの言葉がある。「ヅーフ」である。「ヅーフ」というのは、長崎の出島でオランダ商館長を務めた人の名前であり、「ハルマ」

ヅーフ・ハルマ（大阪大学適塾記念センター所蔵）

というオランダ語の辞典にこの「ヅーフ」という人が和訳を付したことから、適塾に用意されていた『和蘭辞彙《じい》』を「ヅーフ・ハルマ」（通称「ヅーフ」）といって、塾生は奪いあうようにしてむさぼり読んだ。辞書を引くわずらわしさではなく、辞書にふれる喜びを塾生は、その希少性ゆえに共有していたのである。

緒方洪庵はこの「ヅーフ」を三畳ばかりの部屋に据えおいていた。「ヅーフ」が置かれた部屋は「ヅーフ部屋」と称され、そこからもちだすことは禁じられていた。塾生たちは「ヅーフ」を求め、入れかわり立ちかわりその部屋を訪れた。そのため塾生はこの「ヅーフ」を容易に手にとることすらできなかった。昼間は、「字義の詮索」ままならず、「深夜に人なきを伺い字を引きに出かけるもの多く、ヅーフ部屋には徹宵の灯火を見ざる夜」はなかったという。当時塾生は、「辞書を坐右に控え原本にて書を読むことを得ば天下の愉快ならん」といいながら勉学に励んだ。専斎は「戯言」の範疇としながら、「不自由の情況想い見るべし」、「この不自由なる適塾にありて迂路険道を通り越したる人々ぞ多か」ったとした。いささか逆説的ではあるが、「刻苦したる学問は造詣も深」いことを理解していたのである。専斎はこの適塾において、越前大野藩に招聘される伊藤慎蔵（一八二五―一八八〇）や日本を代表する思想家となる福沢諭吉などとともにこの「迂路剣道」に分け入ったのである。

祖父俊達の死を乗り越え四年で塾頭

専斎は適塾に入塾して以降、順調に勉学にいそしんだようである。しかし専斎が入塾したその翌年、祖父俊達がこの世を去った。父親を早くに亡くした専斎は、この俊達の影響の下、蘭学にふれ、緒方洪庵の門弟になった。専斎にはこの俊達の死が衝撃であった。専斎はそれまで順調に励んだ学問が手につかなくなり、しばらくふさぎこんでいたようである。

専斎が学問への情熱を再び燃やしはじめるのには数ヵ月を要したが、安政五年（一八五八）の夏を過ぎたあたりから数えること四年の月日がたつころには、塾頭を務めるまでになった。専斎の一代前の塾頭は福沢諭吉である。その福沢が江戸に出るため、適塾を去ることとなり、塾頭の座を専斎が温めることとなったのである。塾頭の座に就いた専斎は、「学事はすでに成就」したと理解した。適塾での専斎の学びは塾頭に就いたことで終わった。一方で塾頭は単に成績優秀者というだけでなく、福沢が『福翁自伝』で述べているように、塾の運営にもかかわりをもつことが求められていた。塾頭は「先生家の賄」を受けることができ、新たに入塾を果たした者は、洪庵には「束脩《そくしゅう》を納」め、同時に塾頭には、「金二朱」を負担することが求められたという。専斎は諭吉

福沢諭吉
（慶應義塾福澤研究センター所蔵）
「福澤諭吉と米国少女の額入り写真」万延元（1860）年サンフランシスコの写真店で撮影された。専斎はこの年適塾を後にし、長崎に赴く。

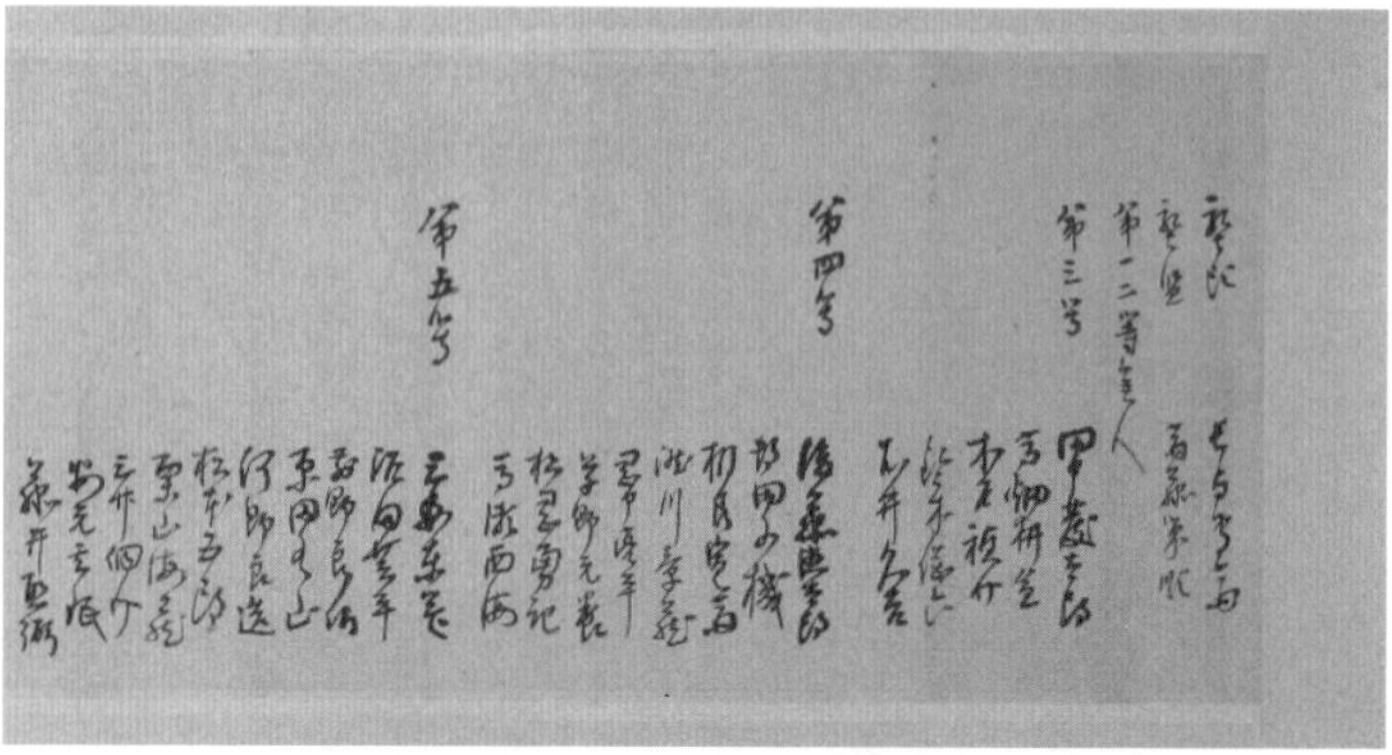

適塾塾生等級別名簿（大阪大学適塾記念センター所蔵）
安政６（1859）年９月朔日現在の適塾生の席次。塾頭長与専斎、塾監斉藤策順の名が冒頭にみえる。

が担ったこの塾頭の役割を、引きついだのである。

長崎時代

医学伝習所でポンペの指導を受ける

塾頭としての役割を終え、約六年にわたり在籍した適塾を後にした専斎は、長崎での新たな学びを選択する。長崎では当時、オランダよりポンペ（Johannes Lijdius Catharinus Pompe van Meerdervoort, 1829—1908、滞日期間：1857—1861）という医師が来日し、医学伝習にあたっていた。専斎はこのポンペに就いて「直伝の教授」を乞うこととしたのである。ポンペより西洋医学を直伝されたのは専斎だけではなく、後に初代陸

ポンペと養生所の学生たち（『出島の医学』より）
松本良順（左）　ポンペ（右）

軍軍医総監として知られる松本良順（一八三二―一九〇七）をはじめ、専斎の「懐刀」として活躍することとなる後藤新平（一八五七―一九二九）の語学を指導した司馬《しば》凌海《りょうかい》（一八三九―一八七九）、その他、岩佐純（一八三五―一九一二）、佐藤《さとう》尚中《たかなか》（一八二七―一八八二）、佐々木東洋（一八三九―一九一八）などがいた。ポンペは長崎にあって明治以降の医学界をリードする面々を育てた人物であった。

　ポンペのいた医学伝習所は、幕府の管理下に置かれ、各藩からの伝習生が集まっていた。彼らは藩の命を受けた者たちで六畳や八畳の部屋に二、三人の生徒が机を並べ、机には原書を積みあげ、座布団《ざぶとん》を使用していた。懐《ふところ》には時計をもちあわせていたという。専斎は適塾での学びの環境を思いだし、あまりの違いに驚いた。このとき、専斎の脳裏には、適塾での「寒書生」であった自分がよみがえっていた。

長崎において医学の学びをはじめた専斎は、当初は、通訳の訳語すら耳に止まらず、「茫然として酔えるが如く」日々が過ぎさったようだが、しばらくするとポンペの講義を理解することができるようになり、ときには直《じか》に質疑し、議論もしたという。このポンペの下で専斎が学ぶ際に利用した施設が「養生所《ようじょうしょ》」である。これは日本で最初の「西洋式病院」として知られる。この「病院」はしばらくすると「精得館《せいとくかん》」として再編され、その後、長崎医科大学、さらには戦後の長崎大学医学部へと連なる。

ポンペが指導する「西洋式病院」には、近隣からはもとより、中国地方や四国からも蘭医の診察を希望する者が訪れ、「難症奇病」の患者が輻湊《ふくそう》したという。また臨床《りんしょう》講義の場としても活用された。専斎はこの「養生所」を「本邦中世以降病院」の嚆矢《こうし》とした。

大村藩主の負傷治療に成功する

専斎はポンペより直接西洋医学を学び、知識と経験を増やしていった。ところが大村藩の事情により急きょ、帰藩することを余儀なくされる。大村藩の種痘を進めるための適当な人材がいなくなったためである。専斎は藩医となり、俊達の始めた種痘の普及をはじめその他の家業を引きつぎ、自らに期待された役目を果たすこととした。

藩医としての役目を負い、大村藩の種痘事業に取り組んでいた専斎の下にある日、藩主純熙《すみひろ》（一八三一―一八八二）が自ら猟銃で負傷したとの報が舞いこんだ。漢方医による治療が効果をみせない中で、蘭学に造詣の深い専斎に白羽の矢が立ち、純熙の下へ呼びだされたのである。

ボードウィン（『出島の医学』より）

藩主の治療が必要となったとき、長崎の医学伝習はポンペの時代からボードウィン（Antonius F. Bauduin, 1820―1885、滞日期間：1862―1866）の時代へと移っていた。ボードウィンは陸軍軍医として外科治療の知識と経験を

マンスフェルト
（『マンスフェルトが見た長崎・熊本』）より）

有することで知られた。そこで専斎は藩主のもとに赴くにあたり、このボードウィンに銃による負傷の際の治療方法をあらかじめ相談することとした。専斎はそれまで内科を主として医学修養をおこなってきたことから、外科治療にあたって、慎重を期すべく、軍人の外科治療に慣れていたボードウィンの見解を確認したかったのである。

負傷した藩主の前に出た専斎が治療にあたると、ほどなくして症状は回復していったという。専斎は胸をなでおろした。そして人々は「外科のわざは蘭方こそすぐれたれ」ともてはやした。

純熈の治療を終えた専斎は、改めて外科を学ぶ機会を得たいと藩に願いでた。西洋では軍医の制度が整い、「軍気もこれがため引き立つ」という。一方で大村藩では銃創の治療さえ心得た者がおらず、「万一の時に及ばば他藩に対しても面目」がたたない。専斎のこの思いは藩によって認められ、長崎伝習の願いがかなった。それまで自ら学びの環境を模索してきた専斎が今度は藩命によって医学の学びを確保したのである。

このとき、専斎がかつて学んだ「養生所」は、「精得館」と改められていた。専斎はこの「精得館」でさらなる医学修養を開始したのであった。

専斎が藩より医学伝習の命を受けたのは慶應二年（一八六六）のことである。精得館ではボードウィンからマンスフェルト（C. G. van Mansvelt, 1832—1912、滞日期間：1866—1879）の時代に入ろうとしていた。ポンペそしてボードウィンの薫陶を受けてきた専斎は、今度はマンスフェルトからも教えを受ける機会をもつこととなった。

養生所は「精得館」となり専斎が館長に

専斎は「精得館」において医学を修めるため長崎に滞在したが、それにとどまらず、この滞在中、医学以外の新たな人脈を広げることもかなった。専斎は藩命を帯びて長崎にやってきていた青木周蔵（一八四四—一九一四）や松岡勇記（一八三四—一八九六）など長州の人を通じて、木戸孝允（一八三三—一八七七）や伊藤博文（一八四一—一九〇九）などの面々と面識をもつようになったのである。専斎を木戸らと引きあわせた青木は、近代日本の外交関係でよく名前が登場するが、その父親は医師であり、萩の明倫館を経て、長崎で西洋医学を学んでいた。長崎での修養を終えた青木はその

精得館長時代の専斎
（『松香遺稿』より）

後、藩の留学生としてドイツに渡った。明治四年（一八七一）の岩倉遣外使節団に随行し渡欧した専斎が、ベルリンに入ったとき、調査に協力したのがこの青木である。また松岡は、明治以降、栃木県や茨城県の医療・医学教育の改革に貢献した人物として知られるが、一方で専斎とは適塾の同窓であった。

ところでペリー来航（一八五三）以来、開国和親と尊王攘夷の立場から激論が交わされ、国内は二分されていった。両派の対立は激しさを増していき、慶応四年（一八六八）正月、ついに京都鳥羽伏見において軍事衝突に発展した。しかし新政府軍の勢いに押され、幕府軍は敗走を余儀なくされる。長崎にあった幕府の役所は「空寺の如く、百事曠廃して一時無政府の有様」となったという。この混乱の中、長崎には新政府の佐々木高行（一八三〇―一九一〇）や楠本正隆がおり、「地下の小吏」を使って行政上の事務を処理した。専斎のいた精得館では池田謙斎（一八四一―一九一八）をはじめ幕府から派遣されていた医官たちは幕府の形勢不利とみるや逃げだしていた。そのため精得館長の椅子が空席となったことから、同館で学ぶ面々は衆議をとり、専斎が館長となることで見解の一致をみた。

精得館長に就任した専斎は医学教育改革に乗りだす。当時の医学生には、「武技と漢文」に精通した者は多くいたが、医学の体系を修めるだけの基礎的知識が心もとない学生が多いことは無視できないと専斎やその師であるマンスフェルトは考えていた。そこで専斎はマンスフェルトの協力の下、算数や理科といった医学の基礎となる知識を備える過程を「予科」として設置し、解剖学や生理学を習う「本科」と区別した。予科を終えた学生が本科において学び、医師として世に出る道を整えたのである。「予科」、「本科」の課程が整うと、マンスフェルトは精力的に日本の学生を教育した。その様は専斎にして以下のように映った。

満氏（マンスフェルト―筆者注）はこの時（予科及び本科の課程が設置された時―筆者注）より端を更めて解剖学の講義を創め、これを本科学期の始めとし、刑屍を官に乞いて実習に供し、午前八時に講義を剏め十時より病院の診察に従事し、午後三時

井上馨（国立国会図書館所蔵）

よりは親ら刀を執りて解剖の実地演習を指導し、終日病院と教場との間に往来し、時ありては燭《しょく》を秉《と》ることさえありたりけり

（『松香私志』より）

この学制改革は、専斎やマンスフェルトが熱心に進めたことで実現した。ただこのとき、専斎たちの改革を後押しした人物がいたことも忘れるべきではない。長州の実力者、井上馨《いのうえかおる》（一八三六―一九一五）である。

井上は専斎がマンスフェルトとともに学制改革に奔走していたとき、長崎で高官の立場にあった。専斎はこの井上に、先の青木らの取り計らいにより面識をもち、精得館の教育の充実のため相談をもちかけた。井上は専斎の建議に賛意を示し、学制改革に伴って必要となる書籍や機器の購入や予科の設置に伴って必要となった教師の雇い入れに向けて動いた。

「精得館」は長崎医学校となり専斎は学頭に

元号が明治と改められ、精得館が長崎医学校として再編されると、専斎はその学頭となる。専斎はこの長崎医学校を「本邦の医学教育において予備学の課程を設け学生の資格を正し学科の順序を定めたるは、実にこの長崎医学校を以て嚆矢」とするとした。そしてほどなくして予科の教師として、ゲールッ（Anton Johannes Cornelis Geerts, 1843―1883、滞日期間：1869―1883）が来日した。専斎はゲールッが招聘されたのは井上の働きがあってのことと、感謝した。長州の人脈により専斎の改革は支えられていたのである。長崎医学校は、新たにこのお雇い外国人を得たことで、本科の教師はマンスフェルト、予科の教師はゲールッとなった。

マンスフェルトは先にみたように精力的に教育と診療に従事した。きわめて厳格な性格で、暑中といえども休みをとることはなかった。教育への熱意に加えて、この厳格な性格が医学生たちを一層「奮励」したという。

一方のゲールッも「勤勉の士」であった。「理化学最始の教授」としての役割を果たしただけでなく、それ以降、明治の時代にあって、司薬場（薬品検査機関）が設置されると、その教師も務めた。明治十三年以降編纂が開始される日本薬局方にも、編纂委員としてその実現にかかわった専斎のブレーンとして期待された。専斎は、ゲールツを評して「(ゲールツは―筆者注)本邦にあること十五年、理化学・薬学の発達はこの人の力に資るところ多」かったとする。マンスフェルト・ゲールツ体制によって進められてきた長崎医学校は、明治三年(一八七〇)、「大学」の所管となる。この「大学」は政府の行政機関の一つであり、長崎医学校の運営に携わっていた専斎もこの「大学」の官吏となった。そしてこの翌年、文部省が「大学」にとって代わり教育行政を所管することとなると、専斎は文部省官吏として出京を命じられる。

東京に出て役に立った長崎時代の人脈

東京に出た専斎は、長崎での学制改革の際に頼りにした長州出身の井上馨邸を訪ね、日本の医学教育改革について談義した。井上は長崎での仕事を後にすると、大隈重信(一八三八―一九二二)の部下として大蔵省の高官となっていた。井上からは江藤新平(一八三四―一八七四)文部卿と相談することを勧められ、専斎は面会した。頭の回転の速いことで知られた江藤は、専斎の「医学社会」の改革が必要であるとの見立てを理解し、これを支持した。しかし維新前後の東京における「医学社会」は松本良順や佐藤尚中といった、やはり専斎同様、ポンペに学び、その知識と判断力により影響力をもつ重鎮がおり、さらにその下には彼らの薫陶を受けた面々が連なり、「医学社会」の一大勢力となっていた。専斎がポンペの下を訪れたとき、伝習所を取りしきっていたのはこの松本であった。

松本はポンペとともにわが国の医学教育・医療の改革を推し進め、医学伝習所が養生所に改められると、その頭取に就任する。ポンペが帰国した後には江戸に赴き西洋医学所頭取となり、西洋医学の振興に取り組んだ。蘭学を学び医学界にこだわることなく活躍した大村益次郎や福沢諭吉を育てた緒方洪庵とは対照的に、松本は蘭学を医学の振興に利用することを、とくに西洋医学所では求めた。これには医学生から強い反発が出たとのことであるが、「医業専一」を旨とする松本の医学教育・医療の改革に対する強い意志を感じることができるエピソードである。

この松本と浅からぬ関係にあったのが佐藤尚中である。佐藤(尚)はもとは上総国《かずさのくに》(現在の千葉県)小見川《おみがわ》で小見川藩医山口甫仙の二男として生まれ、十六歳になると佐倉順天堂の前身「和田塾」に入塾する。同塾の開祖、蘭方医和田泰然(後の佐藤泰然、一八〇四―一八七二)の教えを受け、入塾の後、十年ほどたつころには、泰然門人中の第一人者と目されるようになっていたという。そして藩の許可を得て長崎のポンペの下でも学んだ。このとき、ポンペと佐藤（尚）を引きあわせたのが、もとは泰然の二男、松本良順であった。佐藤（尚）も医学教育・医療の改革には関心をもち、佐倉藩では、医師を一等、二等、と区分し、藩の医政は一等医師が統括するといった制度の形成に与った。

岩倉具視（国立国会図書館所蔵）

専斎が文部省の官吏として上京したとき、佐藤（尚）はすでに医学教育や医療行政に携わる新政府の官吏であった。幕末にあって長崎の地で西洋に範をとった学制改革を進めた専斎であったが、新天地の東京では松本や佐藤（尚）などの意向を無視することはできず、いささか事情が異なると判断した。専斎はしばしその動向を伺うこととしたのである。

ところがある日、医療や医学教育を西洋式に改革するべく思案していた専斎の下に、岩倉具視（一八二五―一八八三）を代表とする使節団を政府が計画しているとの情報が届く。専斎はこの使節団の話を耳にすると、このときもやはり井上馨邸を訪れ、この使節団へ参加するための相談をもちかけた。井上の指示で今度は高輪の伊藤博文邸を訪れ了解を取りつけ、さらに木戸孝允の了承を得ると、文部理事官随行として、いよいよこの使節団に参加することがかない、西欧の医事制度の調査を命ぜられたのである。このとき、専斎は「天にも昇る心地してその愉快譬うるにものなかりき」といった心境であった。

第二章

「健康保護」事業の導入への取り組み

岩倉遣外使節団

西洋諸国の医事制度を調査する専斎のミッション

岩倉遣外使節団は岩倉具視を団長として、大久保利通（一八三〇―一八七八）、伊藤博文、木戸孝允など新政府の中枢を担う面々が参加したことで知られるが、他方では津田塾大学の開祖として知られる津田梅子（一八六四―一九二九）や後に大山巌と生活をともにすることとなる幼少の山川捨松《すてまつ》（一八六〇―一九一九）ら女子留学生も加わっていた。岩倉遣外使節団の目標は幕末に幕府が締結したいわゆる不平等条約の改正であったが、それればかりでなく西欧諸国の文物や諸制度に関する調査、さらには日本人の留学生支援といったことも担っていたのである。

参加が認められた専斎のミッションは、西欧諸国における医事制度を調査することであった。江戸時代の医学は中国や朝鮮の知識を基礎とした、いわゆる漢方医学であった。徳川吉宗（一六八四―一七五一）の時代、洋書の輸入が「漢訳洋書」という形で解禁され、西欧の医学知識が日本に普及するきっかけが作られてはいたが、あくまでも

岩倉使節団（国立国会図書館蔵）

主流は漢方医学であり、補足的に西洋医学の知識が活用されていたのである。しかし徳川幕藩体制に代わり新政府が樹立されると、五箇条の御誓文には「広ク知識ヲ世界ニ求」めることが宣言される。そして医学に関しては「西洋医術ノ儀是迄被止置候得共自今其所長ニ於テハ御採用可有之被仰出候事」との布告が出され、それまでの「東洋医術」から「西洋医術」への転換がはかられていた。そこで岩倉率いる使節団では、医事制度に関する情報を収集する役目を専斎に期待したのである。岩倉遣外使節団に随行することが決まった専斎は、「喜び勇みて横浜の港を発」した。

明治四年（一八七二）十一月、横浜港を

出奔した岩倉一行は、約一ヵ月後、サンフランシスコに到着する。岩倉らとともに上陸した専斎には、合衆国の家屋、市街、道路、馬車など一切のものが目新しかった。ホテルではエレベーターの利用により荷物はもとより人間も昇降することが可能となり、専斎からすると「あら肝を抜かれたる心地」であった。

サンフランシスコからソルトレークに移動した専斎は、市街が整然と区画されている様を記憶する。道路や下水道は計画的に整えられていたという。また学校や病院、劇場、ホテル、さらには温泉場もみて回ることができたようである。

専斎はこのソルトレークにおいて明治四年を見送り、新年を迎えた一月中旬、岩倉らとともにワシントンへ移動する。専斎はこのときも医学教育や病院の調査にあたっていたが、当地の諸制度に関する予備知識が乏しく、通訳を介しても直ちにその実態を理解することができないでいた。一方、ワシントンに入り日米修好通商条約の改正を求めた岩倉たちは、合衆国政府より「国書」の提示が求められるも持参していないことが判明すると、大久保利通と伊藤博文の両名が急きょ帰国の途に就くこととなった。大久保らが合衆国に再度入国するまで岩倉たちは他へ移動することがないと察した専斎は、医事制度の調査はヨーロッパの地においておこなうことの意味が大きいと判断し、岩倉らより先んじて欧州行きを願い出て、二月中旬、ニューヨークより野村靖（一八四二—一九〇九）らとともに大西洋を渡った。

ヨーロッパに渡り「健康保護」事業に目覚める

約十日間の後、専斎はリバプールに到着する。その後、ロンドンに移動し、さらにパリを経て、四月中旬にはベルリンに向かった。パリからベルリンへの移動にあって専斎は一人緊張し、一睡もできずにドイツ国境を越えた。

ベルリンでは専斎が長崎で親交を深めた青木周三や、青木と同じ長州藩出身の品川弥次郎（一八四三—一九〇〇）らに出迎えられ、昔話やこれからのことを、ドイツビール片手に談笑を交えて語りあった。専斎はこのときの模様を「洋行以来の愉快なりき」と記している。

専斎にとってベルリンは、横浜出奔以来の目的地であった。同地では、青木周蔵ら長州系の人々だけでなく、長崎時代に知りあい、後に内務省の「健康保護」事業をともに形成することとなる池田謙斎や第二代目の衛生局長となる荒川邦蔵（一八五二—一九〇三）らの存在も専斎を勇気づけた。また大学の規模、数名の助手を引きつれて研究と教育に従事する教授陣や彼らの研究室など、その研究環境に驚き、感激した。長崎修学時代に師事したマンスフェルトの教えにあった西欧の医学教育をめぐる情景がベルリンにおいて目前に具体的な現象として広がっていたのである。ベルリンでは合衆国以来のそれまでの調査経験を踏まえながら、当地の医学教育や医師の制度のことについて理解を深めることができた。

しかし専斎が注目したのは医学教育制度や医師の制度のみではなかった。専斎は合衆国入国以来の調査で、サニタリーやヘルスといった言葉を耳にしていたことを思いだし、さらにこのベルリンではゲズンドハイツプフレーゲやサニテーツヴェーゼン（*Sanitätswesen*）、オッフェントリヘヒギエーネ（*öffentliche Hygiene*）といった言葉にふれるにつけ、そうした制度が近代国家建設にとって重要であることを知ることとなったのである。専斎はそれまで調査していた医学教育などの制度に対する関心以上のものをそうした新たに知った制度に向けることとなった。

サニタリーやゲズンドハイツプフレーゲ等の含意について専斎は当初、十分理解することができなかった。徳川の世にあって「養生」という行いは知られていた。医家の家に生まれ、幼少より医学にふれていた専斎にとって、人々の「養生」への取り組みが大切であることは理解していた。そのためゲズンドハイツプフレーゲ等の言葉に出会った際、住民一人ひとりの自覚に基づいた「健康保護」といった意味合いでこれを理解した。しかし実際はそうではなかった。専斎が訪れた十九世紀後半のベルリンでは、住民のための「健康保護」事業を進めることが行政の仕事であると認識され、行政組織が作られていたのである。そこでしばらく調査を進めると専斎は、ゲズンドハイツプフレーゲ等の言葉によって示される対象が、単なる住民の「健康保護」といったものではなく、「国民一般の健康保護を担当する特殊の行政組織」をも包容するものであるということが分かってきた。このとき、専斎は行政を通じた「健康保護」事業の正当性があることに関心を示したのである。

専斎はベルリンの地で注目したゲズンドハイツプフレーゲを、「養生」にみられるような単なる「健康保護」なる意味合いで理解したわけではなかった。専斎にしてこのゲズンドハイツプフレーゲの仕組みは以下の点が重要であるとする。

近代国家にとって医学等学術の「政務的運用」が重要と認識

その仕組みとは、「本源を医学に資り、理科工学、気象、統計等の諸科を包容してこれを政務的に運用」するというものであった。専斎が医家出身の官僚であったことが医学の素養を必要とするゲズンドハイップフレーゲの本質を理解するのに役だった。ここに至り医学等学術を「政務的に運用」することで住民の「健康保護」を進めることが近代国家にとって重要であると専斎は考えた。そしてこのゲズンドハイップフレーゲの仕組みを近代日本に整えることで、「人生の危害を除」き、「国家の福祉を完」うすることができるとしたのである。

専斎は「健康保護」事業の具体的な施策として、「流行病、伝染病の予防」、「貧民の救済」、「土地の清潔」、「上下水の引用排除」、「市街家屋の建築方式」、「薬品、染料、飲食物の用捨取締」を想定する。こうした諸施策は結局のところ、「人間生活の利害に繋れるものは細大となく収拾網羅」していた。専斎は医学等学術をこうした施策の基層に位置づけ、行政権を用いて運用していくことの重要性をここに見出したのである。

当初は医事制度、とりわけ医学教育制度等の調査がそもそもの任務であったが、専斎にしてこの端緒はすでに「本邦に開け」ているように思えた。一方、「健康保護」のことに関しては、「東洋にはなおその名称さえもなく全く創新の事業」であり、その「経営」については「まことに容易のわざ」ではなかった。しかも専斎はその「本源」は「医学に資れるもの」であり、「医家出身の人ならでは任ずべき様なし」と判断し、「畢生の事業として」自身に課した。専斎は、ゲズンドハイップフレーゲにみられる「健康保護」事業に「文明」を見出し、近代日本への「土産」とした。

ところで医学等の学術を基層として政策を打ち立てるまではよいが、これでは政策の効果を住民に届けることができない。そこで専斎はさらに調査を進め、ついにこの「健康保護」の事業が地方行政と警察行政との連携をもって進められていることを突き止める。専斎はこのときの模様を「(「健康保護」の事業は―筆者注)きわめて錯綜したる仕組にて、あるいは警察の事務に連なり、あるいは地方行政に繋がり、日常百般の人事に渉りてその範囲きわめて広」いとふりかえる。

ベルリンでの調査を終えた専斎は、オランダでの調査をはじめる。同地の説明では、住民の「健康保護」事業には警察の組織を備え、地方行政との関係を明らかにしなければならないと教えられた。地方行政と警察行政との連携は重要であると指摘され、専斎は「健康保護」事業と両行政との関係が深いことを確認することができた。専斎は欧州での調査を通じて地方行政と警察行政との連携を踏まえることで、医学等学術を「政務的に運用」することができると理解したのである。

医制

健康問題に国が介入する制度の導入へ

専斎は岩倉遣外使節団への随行により欧米諸国にみられる「健康保護」事業に注目した。住民の健康問題に対して、国家が介入することの正当性が承認され、介入するための仕組みが整っていることが、専斎にして近代国家のメルクマールであった。そこで帰国した専斎は、文部省医務局長として医学等学術を「政務的に運用」するための「特殊の行政組織」の形成に着手したのである。そしてこの専斎の取り組みは医制の制定に見て取ることができた。

医制は、「わが国の総合的衛生制度の濫觴」と評価され、近代日本の医学・医療に関する進路はこの医制によって示された。

医制は、七十六ヵ条より構成された。その概要は次の①〜④のとおりである。

①医制（全国衛生事務、地方衛生）（第一条～第十一条）
②医学校（医学教育）（第十二条～第二十六条）
③教員及び医師（医術開業試験と免許）（第二十七条～第五十三条）
④薬舗（薬舗開業試験と免許、及び薬物の取り締まり）（第五十四条～第七十六条）

まず第十一条までにおいて、「健康保護」の仕組みが示され、第十二条以下では、医学教育のこと、第二十七条以下では医師の資格化のこと、そして第五十四条以下では薬舗の資格化のことが取り上げられた。

徳川幕藩体制下の医師制度には全国一律のものがなく、まずは医師を養成するための教育課程を整えることが必要とされる。そこでこの医制では医学教育の課程が、予科と本科の視点から整理された。予科の課程では数学、ドイツ語、ラテン語、理学、化学、植物学、動物学、鉱物学の知識が要求され、こうした数学や外国語など西洋医学の習得に必要とされる基礎的な知識の素養があることが認められると、本科での学業が許された。本科では、解剖学、生理学、病理学、薬剤学、内科、外科、公法医学（裁判医学など）を学ぶことが予定された。そして本科の卒業証書が授与される段になると、「医学士ノ称号」が与えられることとなったのである。

医師と薬舗の免許制度も導入

医学教育制度が新設されていく中で、医師免許制度の導入も進められた。徳川時代においては、医学教育制度だけでなく医師の管理制度も整っていなかったのである。そのため「不学無術之徒」が少なくなく、結果として、適切な投薬がなされず、人命にかかわる事態を招いていた。そこで明治政府は、明治元年（一八六八）より医師の免許制度の導入を求めていた。

医制が制定されると、その翌年には、文部省は「医術開業免状書式」を定める。そしてこの免状の書式が出された後には、明治九年（一八七六）、医師試験制度が明らかとなり新たに医師となる者は、次の科目の試験を受け、及第することが必要となった。

試験科目

第一　物理学化学大意

第二　解剖学大意

第三　生理学大意
第四　病理学大意
第五　薬剤学大意
第六　内外科大意

医制ではまた、医師の資格化だけでなく、薬舗の資格化も進めることを予定した。薬舗を開業しようとする者も、「免状」が必要になったのである。医師と薬舗にそれぞれ「免状」を要求する医制では、医師と薬舗の分業が予定される。徳川幕藩体制下では医師や薬舗といった別はなく、医師が投薬を施していた。西洋医学に基づく医師の資格化や医薬分業は、明治以前に主流となっていた従来の医師すなわち漢方医たちの文化とは異なるものであった。

医師の資格化が進められる一方、経過措置として従来の医師たちは試験を受ける必要はなかった。医制が運用される際、従来の既得権益に対する配慮はなされていたのである。専斎は、この既得権益への配慮を政府がなしたことで、「従来の開業にありては営業上何等の影響も」ないことを強調した。しかし政府の方針は医療の西洋化である。この方針がある限り、従来、漢方医によって担われてきた役割は、西洋医に取って代わられるのも時間の問題であった。そこで漢方医たちは政府の進める医療の西洋化に論難、哀訴し、漢方の知識を基にした試験を要請した。医業を継ぐため今後新たに医師になろうとする者は、「公の試験を受けなければ家業を継がれ」ず、「時勢の変化とは言ひながら、之は漢方医家に取って死活の問題」となる。専斎の改革では、漢方に与する医師は後進を育てることが極端に難しくなった。

こうした漢方医たちの抵抗運動は医師及び薬舗の資格化への取り組みの責任者である専斎を困惑させるのに十分であった。専斎は漢方医たちから「四面攻撃」を受けることとなったのである。専斎が「およそ余が事業中医術開業試験の制定ほど意想外に心を苦しめ思いを焦したるものはなし」とふりかえるとおりである。明治以降、医師は業務独占の資格職業として位置づけられるようになっていったが、この運動の先頭に立ってリードしたのが専斎である。

一方、この医制では、専斎が西欧の地で関心を示した「健康保護」事業のことも盛りこまれた。これはゲズンドハイップフレーゲ等によって示される「健康保護」の事業を進めるための仕組みづくりに資するものであった。医制において医師や薬舗の資格化に加えて、「全国衛生事務」や「地方衛生」の視点が採用されていたのはそのためである。医制では、住民の「健康保護」をまず求め、次いで健康が害されたときに施される医療に携わる医師や薬舗のことを定めていた。

「衛生」という言葉を選び「健康保護」を進める

また、専斎は、西欧諸国の地で注目したゲズンドハイツプフレーゲ等にみられる「健康保護」事業を医制に組みいれる際、「衛生」という言葉を選択した。専斎は、「健康」や「保健」といった言葉を当初は思いうかべたようであるが、「露骨にして面白からず」として採用しなかった。一方で『荘子』の「庚桑楚編」にあった「衛生」という言葉を思いだし、「字面高雅」、「呼声もあしからず」とのことから、これを気に入った。専斎は「健康保護」に「衛生」という呼称をあてたのである。

医制では、(図1)のようなイメージに従い、中央政府にあって全国の「医政」を文部省において統括し(第一条)、同省医務局中に「医監・副医監」を設置する(第三条)。ここでまず、政府が「健康保護」事業を進めるための権限を保有していること、すなわち「衛生行政権」の存在を確認しようとしたのである。中央の権限を確認する一方、

（図１）医制における「健康保護」事業を具体化するための仕組み

文部省（医監・副医監）

↕

衛生局

↕

医務掛

↕

医務取締

ここでは各地の衛生問題を所管するため、全国を数ヵ所に分け「衛生局」を設置するとした。そこで医制第五条では、地方の事務は「衛生局」において取りまとめることが求められている。

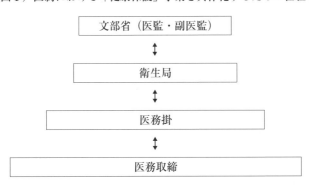

第五条　各地方ニ於テ医務ニ関スル事件ハ統テ衛生局ト協議スヘシ
（当分）衛生局完備セサル間ハ文部省ニ申出ツヘシ

医制では「衛生局」の設置を予定すると同時に、各府県にあっては、地方吏員のうちより選任される「医務掛《がかり》」が設置されることともなっていた。この「医務掛」は府県以下の「医務」担当であった（第六条）。医制では政府の保有する「衛生行政権」を地方政府、具体的には「衛生局」や「医務掛」を通じて行使することが予定されたのである。

さらに医制は、「医務取締」の設置を求めていた。

第七条　地方ノ医師及ビ薬舗主家畜医等ヲ撰テ医務取締トナシ衛生局地方官ノ差図ヲ受ケ部内日常ノ医務ヲ取扱ハシム

「医務取締」は、各地方の医師や薬舗主、家畜医等より選出されることとなっていた。医学等の知見に理解ある者の「健康保護」事業への参加を制度的に保障しようとしたのである。ここで設置される「医務取締」には以下の役割が期待されていた。

①各地域の慣習や衣食住の模様を観察すること。
②健康上支障となる行動が住民の中でみられるときには「衛生局」に報告すること。
③流行病の発生について医師より報告されると、被害状況等を、「衛生局」及び地方官に連絡すること。

「医務取締」から伝染病発生等の被害が報告されると、今度は「衛生局」の責任者が、「医務取締」及び「地方ノ大医碩学」を招集し、対策をたて、文部省及び近隣の府県に通報するとされる（第十条）。医制では、「衛生局」や「医務掛」、そして「医務取締」を通じて文部省に承認された「衛生行政権」の行使が予定されたのである。

初代内務省衛生局長

医学教育は文部省、衛生行政は内務省

明治政府は、版籍奉還をおこない中央集権国家の建設を進めた。この改革がおこなわれた明治二年（一八六九）には、行政機構の改革もおこなわれ、内政事務は、民部省の所管とされた。ここでいう内政事務とは、戸籍、租税、駅逓、鉱山、済貧、養老、といった事務である。しかしその一方、維新の改革の時期、内政に関する役所として大蔵省が設置されていた。このため明治二年から六年にかけて、民部省と大蔵省を合併させる力学と分離させる力学が拮抗するようになった。従来この動きは「民蔵分離

設置当初の内務省（『内務省史』より）

問題」として取り上げられてきたものである。この問題を前にして新政府の実力者の一人であった大久保利通は内政一般を所管する新省の設置を決定する。これが内務省である。

新設された内務省は、戸籍、警察、貧院・病院、道路、運輸、土地の測量、郵便、勧業、各地方庁の設置、等の事務を所管した。以後、大蔵省は会計・租税事務、そして内務省は内政一般の事務を所管することで調整が進められていくこととなる。ただし内政一般というのは、いかにも漠然とした印象を否定できないように、時代とともにこの範囲は変動することとなる。内務官僚を取り上げるとき、「牧民官」であることが強調されることがあるが、こうしたイメージは、内務省の事務が調整され、地方行政が中心的な所管事項として位置づけられていく中で醸成されていく。一方、内務省のもう一つの重要な所管事務は警察であった。内務省設置当初は勧業事務も重要であったが、明治十四年（一八八二）に農商務省が設置された際、同省へ移管された。

専斎が岩倉遣外使節団より帰国し、文部省医務局長として医制の制定を実現したのはこの内務省が設置された翌年のことであった。すでにみたように医制は医学教育制度と衛生制度を整えていく際の指針となったものである。このうち医学教育に関する事務は、教育事務を所管していた文部省が所管することが自然であったが、一方で住民の「健康保護」を進めるための衛生事務は、専斎が西欧諸国の調査を通じて理解したように、地方行政と警察行政との連携が重要となることから、この事務を文部省に置いておくよりは、地方の事務と警察の事務を所管する内務省に移管したほうがよいとの判断がなされるようになり、同省への移管が決定する。明治八年（一八七五）のことであった。

移管直後の「健康保護」事業は、「第七局」で取り扱われた。事務の移管にあわせて内務官僚となった専斎はこの「第七局」を「健康保護」に資するためにふさわしい名称にするべく思案していた。結局「第七局」は、医制中、「健康保護」の事業を引き継いだ部局であったことから、かつて医制制定の際、「健康保護」を「衛生」と表現した専斎は、その部局名称を「衛生局」とした。「衛生局」が設置されると、専斎は初代内務省衛生局長に就任する。そして明治二十四年（一八九一）に衛生局長の職を辞するまで、その職責を担い続けたのである。

米国万国医学会への参加と合衆国諸州の衛生事務視察

衛生局長に就任した専斎は、その翌年、再び渡米する機会を得る。明治九年、アメリカ合衆国の独立百年を記念した万国博覧会の開催にあわせ、万国医学会が開かれるとの通知が明治政府になされたのである。そこで専斎は、語学と医学の知識に優れた三宅秀《みやけひいず》（一八四八―一九三八）や明治期の実業家であり、日本郵船で活躍する岩永省一（一八五二―一九一三）、そして陸軍の石黒忠悳《いしぐろただのり》（一八四五―一九四一）らとともに渡米することとなった。

三宅は、西洋の砲術研究とその普及で知られる高島秋帆《たかしましゅうはん》（一七九八―一八六六）の孫で、幕府からも英学について一目置かれていた太郎の薫陶を受け、欧州巡遊より帰国した後も英学を続け、かたわら、医学の知見も吸収していった。三宅の英語力は同船した石黒も認める程であった。三宅はこの出張より帰国すると東京大学医学部教授となり、その後、明治十九年（一八八六）には医学部長に就任し、医学教育の分野で活躍する。また後にふれる専斎が主唱した大日本私立衛生会でも設立当初より幹事として参加し、医学教育だけでなく、明治期「健康保護」事業の推進にも支援を惜しむことはなかった。

伊東玄朴《いとうげんぼく》（一八〇一―一八七一）が幕府に種痘の重要性を説き、設置に尽力した江戸お玉が池の種痘所（一八五八年）は以降、西洋医学所、医学所、大学東校、東京医学校と変遷し、明治十年（一八七七）、東京大学の設立にあわせ、東京大学医学部となる。専斎は、東京医学校が明治七年（一八七四）に設立されると、その校長に就任し、明治十年の東大医学部発足までその職責を担った。後にふれる北里柴三郎（一八五三―一九三一）が明治八年に東京医学校に入学したときの校長は専斎であった。三宅は東京医学校においても、校長心得として専斎とともに医学教育事務に携わった経験を有した。

省一は大村藩士後藤多仲の子であり、養子となったことから岩永姓を名乗っていたが、専斎の妻園子（一八四九―一九一九）の実弟であった。専斎と同郷の省一は、鹿児島の開成所を経て福沢諭吉の慶應義塾で学び、ロンドン、そしてアメリカ合衆国に渡った。帰国したのは明治九年である。ところが帰国してみると専斎が、万国医学会出席のため出国準備の最中であった。省一は、帰国した直後であったが、専斎らの一行に加わることとなり、再び合衆国を巡歴することとなったのである。省一の語学力が期待されてのことであった。また、専斎と省一との関係は単に義理の兄―弟の関係で終わったわけではない。後に省一は、専斎の四男、裕吉（一八八三―一九三九）を養子として迎え、養父となる。

そして石黒は陸軍で活躍する一方、内務省の衛生行政を支援するメンバーでもあった。石黒は専斎との関係を以下のように回想している。

私は内務省にも衛生局を置かれた最初から、本官ではないが常に出入しました。……（中略）……長与氏は頗る聡明熟達の人であるから、医事衛生の法規等を出す前には、東京の医家に官私の別なくよく渡りを付け相談せられるという遣り方で、其為に私は良く頼まれ、常に出入りしたのでした。

（『懐旧九十年』より）

専斎は三宅らとともに太平洋を渡り、アメリカ合衆国の衛生制度に再びふれることとなったのである。

合衆国に到着した専斎は、フィラデルフィアにおいて医学会に参列し、また博覧会を縦覧した。その後、ニューヨーク、ボストン、ワシントン、シカゴの衛生局を訪れた。かつて岩倉らとともに太平洋を渡ったときには、「ただ見聞するがままに」時間を過ごしたが、今回は「視察の間すこぶる趣味あるを覚」えた。そして諸州の調査を通じて、規則法文が厳正に整備されている一方、実際の執行については「寛仮優容の手段巧み」におこなわれ、「手数の簡易にして事務の敏活に運ば」れる様をみたのである。

専斎一行は、昼間だけでなく夜中も合衆国の「健康保護」事業の視察を続けた。たとえば、人々の糞尿はいかにして処理されているのかを巡視したとするのはその一例である。フィラデルフィアでは糞尿の多くは汲み取り、運搬されていた。専斎らは、汲み取り馬車が毎晩十二時過ぎになると市中を回っていることを突きとめ、その馬車について回っていたようである。明治九年の渡米は専斎にとって得るところが多かったといえよう。

「衛生意見」

内務卿大久保利通に提出した歴史的な提言書

アメリカ合衆国より帰国した専斎は、当地で入手した情報を踏まえて日本の「健康保護」事業の今後のプランを認め、当時、内務卿の職にあった大久保利通に提出した。この建言書は現在、長与専斎の「衛生意見」として知られるものである。これは近代

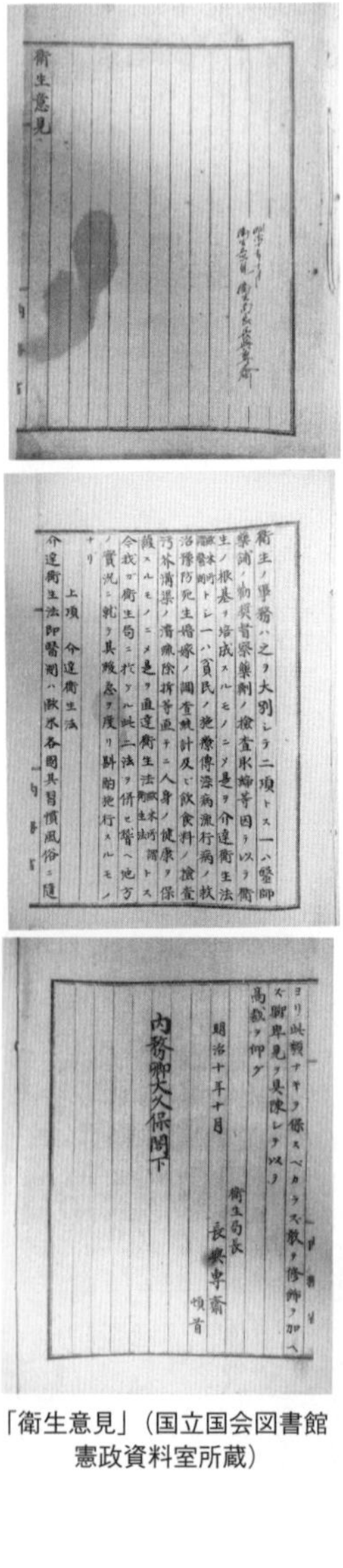
衛生意見

衛生ノ事務ハ之ヲ大別シテ二項トス一ハ醫師

上項 介達衛生法

内務卿大久保閣下

明治十年十月

衛生局長 長與專齋 頓首

「衛生意見」（国立国会図書館憲政資料室所蔵）

日本の「健康保護」事業の形成過程を解明するための、あるいは近代日本の医療・衛生行政史上、有益な資料である。原本は国立国会図書館憲政資料室に所蔵されている。「衛生意見」では明治国家の「健康保護」事業について「介達衛生法」と「直達衛生法」というふたつの視点から整理される。「介達衛生法」とは「欧米所謂医制」のことであり、「医師薬舗ノ勧奨督察薬剤ノ検査取締等因テ以テ衛生ノ根基ヲ栽培スルモノ」であった。一方、「直達衛生法」は、「欧米ノ所謂衛生法」であり、「総テ人民ノ衣食住ニ関シ其健康ヲ害シ流行病伝染病ノ禍源トナルモノハ駆除防御ノ方法ヲ設ケテ之ヲ施行」することだとして描かれる。換言するならば「介達衛生法」は、医師や薬舗の国家による管理を実現するための取り組みであった。「直達衛生法」は、伝染病の流行など住民の健康問題への対応を進めることであり、貧困者の施療、伝染病予防、衛生統計の作成、飲食物や上下水の管理等が想定されていた。専斎はこの「介達衛生法」と「直達衛生法」を軸に明治の時代にあって住民の「健康保護」事業の進展を期したのである。ここで、専斎は「健康保護」事業を進めるにあたり、貧困者の問題に取り組むことが必要であることも理解していた。

専斎は「衛生意見」において明らかにした施策を実現するために次のような仕組み

(図2)「介達衛生法」を具体化するための仕組み

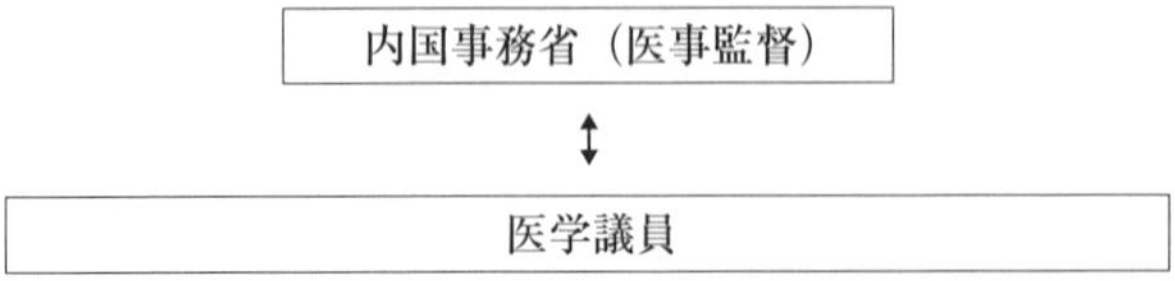

が必要であるとする。まず医師や薬舗の資格化などを予定した「介達衛生法」を実現するための構想をみてみよう。

専斎はまず医師等を管理するために(図2)にみえるように、「内国事務省」が設置されるとする。同省管下には「医事監督」が設置され、これが地方に派遣され医師や薬舗の開業の動向などを確認するとした。またこの「医事監督」は、各地において選出される「医学議員」の長を兼ねるともされていた。ここでいう「医学議員」とは医師、薬舗、法律家より構成され、医学や薬剤学の動向について議論を付すとされた。さらにこの「医事監督」は、各地の衛生に関する動向について報告書を作成し、「内国事務長官」と府県に報告することが期待されていた。一方府県には、「管内人民の死凶」や「医師薬舗産婆ノ増減」等を「医事監督」に伝えることが求められる。「介達衛生法」では、「内国事務省」、「内国事務長官」、「医事監督」、「医学議員」、そして「府県」を活用し、相互に情報の共有を図ることで医師や薬舗の管理を進めようとしていたのである。

「衛生局」の事務範囲は貧民救済から家畜管理まで

次に「直達衛生法」についてみてみよう。専斎は、（図3）にみえるように「内国事務省」の下、欧米では「人民稠密」の地に「衛生局」を置いていることを取り上げる。専斎が描いた「衛生局」の所管する事務を例示すれば以下のとおりである。

・医師、薬舗、産婆の取り締まり
・貧民の救済・施療
・流行病予防
・「クワランティーン」の方法
・種痘、梅毒検査、死生婚家等の統計の作成
・埋葬の管理
・寺院、貧院、劇場、借家等の建築物の管理
・飲食物の検査

・家畜・屠殺場の管理

専斎は無免許で開業する医師や薬舗をなくすこと、許可なく毒薬・劇薬の販売をなくすこと、貧民の施療や流行病・伝染病の予防を進めること、水際で伝染病の侵入を防ぐ「クワランティーン」すなわち開港検疫をおこなうこと、そして痘瘡や梅毒対策、衛生統計の作成、死者の管理、寺院など人が集まる建築物の管理、健康を害する恐れのある飲食物を排除しようとする試み、さらに家畜や屠殺場の管理を進めることを「衛生局」に求めた。

専斎はこの「直達衛生法」でも医師や薬舗の管理を謳《うた》い、「介達衛生法」でも医師や薬舗に対する政府の介入が必要であるとする。ここでの違いは、専斎がこの「衛生意見」において、後者との関連で「日本医学ハ今後二十年ヲ以テ古流ヨリ新派ニ転ズルノ第一期」としようとしていたことから判明するように、「介達衛生法」においては医師や薬舗を西洋流にするための管理を予定していたのに対して、前者は医師免許不保持にみられるような法律違反の医師等を見つけだすための取り組みであった。

そして専斎は、「衛生局」の所管する事務の取り扱いにおいては、「衛生取締」の活

（図3）「直達衛生法」を具体化するための仕組み

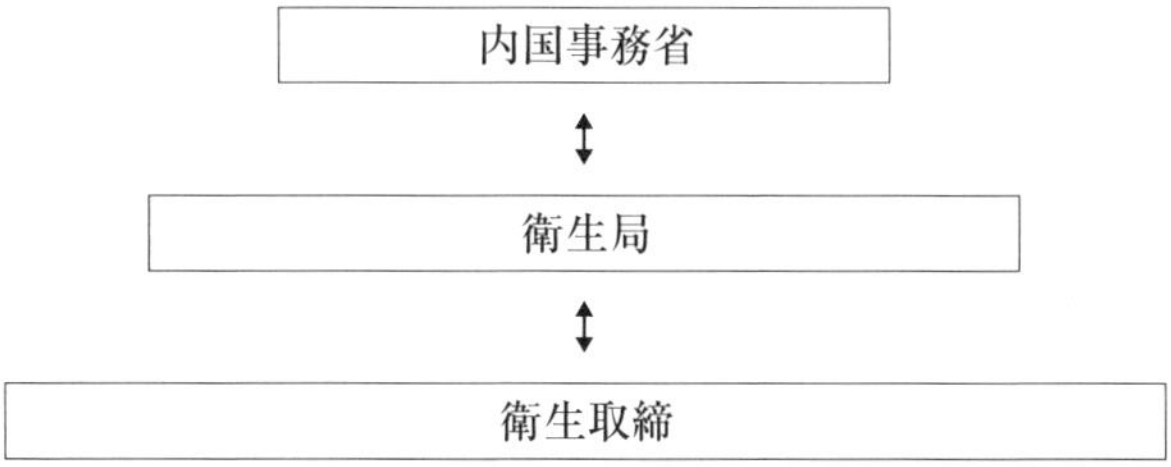

動を予定する。「衛生取締」は「衛生局」の所管する事務について、「政府ノ主旨」を確認し、「地方ノ状況ヲ斟酌」し、住民の「健康保護」事業を担うこととされた。専斎が「凡ソ各般衛生ノ直達法ハ衛生取締設置ノ後ニ非ザレバ完備スル能ハズ」と指摘するように、「衛生取締」は「健康保護」事業には重要であった。

「衛生取締」には管内の名望ある医師あるいは区戸長があてられることとなっていた。医学等学術の「政務的運用」を具体化していくために、「健康保護」と学術とのかかわりを理解することができる吏員として「衛生取締」を専斎は取り上げていたのである。

第三章

コレラの流行とその対策

明治十年のコレラ

明治になって最初の流行

専斎が「衛生意見」を大久保利通内務卿に提出した年は、コレラが大流行した年でもあった。コレラは徳川幕藩体制下にあって文政・安政年間に流行したことはあったが、維新以降にあっては明治十年（一八七七）の流行が最初であった。

コレラはインドから世界中に広がっていった伝染病である。コレラ菌によって汚染された水や食物を摂取することで感染する。コレラに感染し発病した際の主症状は下痢である。

「米のとぎ汁」のような白色もしくは灰白色の下痢便が大量に排泄され、これに伴い体内の水分が失われ脱水状態となる。患者の目は落ちこみ、頬は次第にこけ、くぼんでいく。皮膚や爪は青紫色もしくは鉛色に変色することから、欧州では「青い恐怖」として恐れられた。日本では「虎列刺」や「虎烈刺」、「虎列拉」あるいは「虎狼狸」などの表記がみられ、発病し死に至る時間が短いことから、「三日コロリ」とも称さ

（図ａ）「虎列刺退治」（『医制百年史』より）

れた。現在でこそコレラはコレラ菌に感染することで発病する伝染病であることが知られているが、明治期、最初に流行したときには、コレラが発病する原因は分かっていない。そのため、（図ａ）や（図ｂ）にみえるように架空の動物の絵をもってその恐ろしさが示された。この図で石炭酸が散布されているように、消毒薬でもって退治することができると考えられていた。

　専斎と交流をもっていた石黒忠悳は、明治四年の『虎烈刺論』緒言において急性伝染病の中でもコレラの被害は「尤甚シ」とする。そのコレラの流行が新政府下においてはじまったのである。

　明治十年のコレラは清国で流行していたものが日本に侵入したものであった。外務省より清

（図ｂ）「虎狼痢予防絵説」（明治大学博物館所蔵）

国の地にコレラが流行していることを知った内務省は、港をもつ神奈川、長崎、兵庫の三県に避病院と呼ばれた隔離病棟の建設を命じる。その一方で入港してくる船舶に対しては、政府により選出された医師などを活用し検疫をおこなうよう求めた。

コレラの勢いは「迅疾」であることから、内務省はその侵入後の対応を視野に入れ、虎列刺病予防法心得を用意した。八月のことである。専斎は、この明治十年の「心得書」を「虎列刺病予防心得」の「始め」として位置づける。これ以降、（表2）のとおり、心得書は少なくとも四回出された。本書ではそれぞれ、明治十年、明治十三年（一八八〇）、明治十九年、修正明治十九年、明治二十三年（一八九〇）の「心得書」

（表２）

各時期の伝染病予防のための「心得書」及びその特徴

虎列刺病予防法心得（明治10年の「心得書」） ・コレラ対策として、開港検疫、患者宅の隔離、便所や下水の清潔を求める。
伝染病予防法心得書（明治13年の「心得書」） ・コレラ、腸チフス、赤痢、ジフテリア、発疹チフス、痘瘡対策として、「清潔法」、「攝生法」、「隔離法」、「消毒法」の４項目を重視する。
虎列刺病予防消毒心得書（明治19年の「心得書」） ・隔離や消毒を進める上で、警察官が介入しやすい環境を整える。
虎列刺病予防消毒心得書の修正（修正明治19年の「心得書」） ・「撲滅法」の前提として「予防準備」の章が加えられる。 ・「予防準備」に際して住民の役割を求める。
伝染病予防及消毒心得書（明治23年の「心得書」） ・伝染病予防に際して、医師、衛生組合、住民、衛生主務吏員、警察官等の活動を求める。 ・医師の判断を踏まえて、衛生主務吏員や警察官が住民生活に介入することを求める。

「虎列刺病予防法心得」（『太政類典』）、「伝染病予防法心得書」（『太政類典』）、『衛生局年報』（明治17年7月〜明治20年12月）、河野熊太郎『改正新条例纂要』（明治21年）、前田治『改正虎列拉病予防消毒心得書』（明治20年）、岩手県第二部『虎列刺検疫必携』（明治20年）千葉県学務課『続伝染病関係規則類纂』（明治21年）、「伝染病予防及消毒心得書」（『公文類聚』）より作成。

とする。

この明治十年の「心得書」では、病毒侵入を防ぐことが重要であるとして「海港検疫」のことがまず求められた。ここでは開港場を有する地方長官は、府県の吏員や警察、医師等より担当者を決め、伝染病者発見の際には、入港拒絶の策をとるとされた。一方、国内のコレラ患者に関しては、「患者アル家族」と「他家」との往来が制限され、便所や下水の清潔が促される。また医師による伝染病発生の届け出が府県になされた際には、直ちに担当者を選定し被害の拡大予防に着手し、内務省に被害状況を報告し、かつ近隣の府県にも連絡するとされた。清国の地においてコレラ患者発生の情報を入手した内務省はコレラの侵入を予見し、対策を取りはじめたのである。

コレラ対策の一環として取り組んだ明治十年の「心得書」が出された翌月、ついに内務省は神奈川県下にコレラ患者が発生したとの報に接する。長崎でもその年の九月上旬よりコレラが「蔓延ノ勢を逞ウ」する状況となった。そして神奈川や長崎で発生したコレラの被害は、その年の西南戦争の凱旋兵の移動とともに拡大していった。当時大阪陸軍臨時病院において検疫事務を担当していた、あの『虎烈剌論』の著者、石黒忠悳は「可否スルノ権」がないため海上より上陸を希望する凱旋兵を食いとめることができなかったとふりかえる。明治七年の医制によって承認された「衛生行政権」は未だ効力を発揮する段にはなかったのである。そのため上陸した凱旋兵は、今度は汽車に乗りこみ東進を続けたが、その車中、コレラを発病する者が続発した。石黒は、コレラの流行は「維新以来本年（明治十年―筆者注）ヲ以テ最初」のことであり、「官民共ニ衛生ノ事業漸ク端緒ニ就」いたが、一般住民はコレラ流行の原因・理由を理解することができず、混乱した様を伝える。内務省衛生局はこの明治十年、「全局ノ力ヲ挙ケテ其（コレラ―筆者注）防禦及ヒ撲滅ニ従事ス亦殆ト他ノ事業ヲ拡充整理スルノ暇ナシ」と記録した。こうした事態に際して専斎は、「海港検疫の事と各家予防の事とを医師衛生掛警察官吏等を委員として取扱はしむ。……（中略）……官民共に予防消毒の事に熟せず只倉皇狼狽の間に経過せり」とふりかえる。維新以来はじめてのコレラの流行に対して、「倉皇狼狽」した「官」と「民」を専斎はみた。専斎は「衛生意見」にみられるような住民の「健康保護」事業のための仕組みづくりを模索すると同時に、コレラをはじめとする伝染病対策にも対応を余儀なくされたのであった。

中央衛生会と地方衛生会

北里柴三郎のコレラ菌の検出と明治十二年の大流行

明治十年のコレラが流行したことで内務省衛生局の官吏や地方長官、警官、住民等は困惑し、「倉皇狼狽《そうこうろうばい》」した。コッホ（Robert Koch, 1843—1910）の偉業によりコレラ菌に注目が集まるようになったのが明治十六年（一八八三）のことであり、日本国内でのコレラ菌の検出は北里柴三郎により明治十八年（一八八五）になされた。専斎ら官吏や住民はコレラの原因がいまだ確定されない中で、コレラ患者にふれると感染することをみてとり、隔離や消毒策をとった。

政府も住民も対策にあたったが、結局、明治十年のコレラでは、一万人以上の人名が鬼籍へと追いやられた。しかしその二年後、今度は愛媛県よりコレラ患者が発生したとの報告が内務省になされる。この明治十二年（一八七九）のコレラ流行の被害はすさまじく、この年の統計では、十六万人以上の患者を出し、そのうち十万人以上が死亡したことを知ることができる。

『明治十二年虎列剌病流行記事』等が伝えるように、コレラ患者の発生の報に接した政府は急きょ、虎列剌病予防仮規則を制定・布告した。明治十二年六月のことであった。同規則が布告されたことで、コレラ流行の兆《きざ》しが確認されると地方長官は、医師、衛生掛、警察官、郡区吏等より、「予防消毒ノ趣旨ヲ通暁」した者を検疫委員として選出し、患者の隔離や厠《かわや》の掃除を指示させることを求めた。コレラ予防の方針が示される中、伝染病対策の陣頭指揮をとっていた専斎や内務省衛生局の官吏たちは、コレラ流行への対応に忙殺されていた。しかし決定的な対策を見出すことはできず、先の「仮規則」が出された翌月には医学に素養のある内外の人物よりなる中央衛生会の設置を専斎たちは決定する。同会が設置されることで、医学等の知見を政策に反映させやすくなり、このことから外国船への効果的な検疫も期待された。

このとき集められたメンバーは、(表3)のとおりである。同会には、大学医学部の教授や陸・海軍の医師たちが集められた。三宅やベルツ(Erwin von Bälz, 1849—1913、滞日期間:1876—1905)の肩書にある「大学」とは東京大学のことである。三宅らはその医学部で教育に携わるかたわら、中央衛生会委員として専斎率いる内務省衛生局の事業に協力していたのである。

（表３）中央衛生会の構成員（明治12年7月16日）

会長	森　有礼	（外務大輔）
委員	松本　順	（陸軍軍医総監）
	戸塚文海	（海軍軍医総監）
	池田謙斎	（一等侍医）
	林　　紀	（陸軍軍医監）
	三宅　秀	（大学医学部教授）
	ベルツ	（大学医学部お雇い外国人教授）
	ブーケマ	（陸軍病院お雇い外国人医師）
	アンデルソン	（海軍病院お雇い外国人医師）
	長与専斎	（内務省衛生局長）

（『明治十二年虎列病流行記事』より作成）

明治十二年七月二十一日の「中央衛生会職制並ニ章程」によれば、同会は、内務卿の管轄下にあり、五人の日本医、三人の外国医、内務省衛生局長、会長の十人より構成された。内務省衛生局長であった専斎はもちろんこの委員会のメンバーである。

明治十二年七月の中央衛生会の所掌事務は、内務卿に捧呈する諸規則、指令、建議、その他書面の草案の調整であった。中央衛生会の活動をはじめるにあたり、専斎たちは、各地の気候、地形、衣食住、風俗・慣習、地方病の有無を確認しながら進めることが肝要と理解した。この中央衛生会は、中心となる委員が医師であったことから分かるように、医学等学術上の知見を踏まえて伝染病対策を進めることを予定していた。その結果、内務卿には、医学等学術上の知見を踏まえた政策の提示が可能となった。

医学等学術の「政務的運用」を正当化する試み

専斎は「健康保護」事業には医学等学術の「政務的運用」を進めることが重要とする。この専斎の指摘の含意は、医学等学術上の知見を踏まえて政策を立案し、住民に適用しようということである。中央衛生会の設置は、「健康保護」事業に向けて医学等学術の「政務的運用」を進めようとする専斎の構想の具体化を意味した。

『中央衛生会第一次年報』では明治十二年七月～十二月までの間、定会・臨時会が四十一回、そのほか小会議が十二回開催されたことが報告されている。同会の議事を踏まえて、開港場を有する神奈川県では地方検疫局が設置されることとなった。あるいは入港船舶に対する「尋問要件」の書式の作成は中央衛生会の指示によりなされた。地方衛生行政の一元化も中央衛生会の名の下に進められ、首都である東京府では、中央衛生会の管理下に東京地方衛生会が設置された。この東京地方衛生会には、警察本署及び東京府の吏員、医師、府会議員等が委員として参加した。首都である東京には警察組織が他の府県に先駆けて用意され、東京府が伝染病対策上の事務を分掌していたのであるが、しかしその弊害が今般のコレラ流行への対応にみられたことから、一時的に衛生行政の一元化に向けた措置がとられたのである。東京府では伝染病対策上の所管について調整が必要とされていたのであった。いわゆるセクショナリズムである。内閣や政官関係、あるいは中央・地方関係もしくは地方自治などを考察の対象とする行政学では、このセクショナリズムを「分立割拠制」と称することがある。東京府と警察は「分立割拠」して伝染病対策にあたったことで、相互に連携することが十分にできていなかったのである。

一方、他の府県にあっては、原則として中央政府である内務省の方針に従い対策を立てることとされていたが、臨時的に地方の判断で対策をとる際には、中央衛生会の議に付すべく予《あらかじ》め、内務省に稟議することが求められた。専斎の「衛生意見」では、「内国事務省」管下に各地には「衛生局」を配置し、さらに「衛生取締」を通じて住民の「健康保護」事業の進展を期していた。これに対して実際の府県以下の伝染病対策等の事業でも内務省が把握できるようになっていたのである。

中央衛生会と地方衛生会が常設化される

明治十二年(一八七九)のコレラの流行はすさまじく、専斎や衛生局の官吏だけでなく、警察官、郡吏、町村吏等が総がかりで予防消毒に従事した。そのコレラがようやく終息の兆しをみせたのは、その年の十月を過ぎるころであった。コレラの勢いが衰えをみせはじめると、中央衛生会の管下に臨時に設置された東京地方衛生会は当面の役割を終え、閉会となった。しかし中央衛生会や東京地方衛生会のような諮詢機関の必要性がなくなったわけではなく、その年の十二月には中央衛生会の常設化、そして新たに地方には地方衛生会を設置することとなった。

中央衛生会、そして地方衛生会の設置を求めた伊藤博文内務卿は、「衛生之事務」は、「人民ノ健康」に関することであり、これすなわち「全国ノ富強」に関することであると位置づける。そのため「平常ニ於テ最モ忽セニス可ラサル」事務であり、かつ近年ではコレラの流行がみられる一方、その対処の仕方に関しては未だ確立していないため、中央衛生会や地方衛生会のような諮詢機関が必要であるとしたのである。その結果、中央衛生会及び地方衛生会は常設化された。明治十二年十二月二十七日のことである。常設化された中央衛生会には、以下のとおり医学の専門家（八名）、化学の専門家（一名）、工学の専門家（一名）、そして警察官が参加することとなった。

中央衛生会の委員（明治十二年十二月二十七日）

医員　八名
化学家　一名
工学家　一名
衛生局長
内務書記官　一名
警察官　一名

地方衛生会には、医学の専門家（三名〜五名）、公立病院長、公立病院薬局長、衛生課長、警察官の参加がみられた。

地方衛生会の委員
医師　　三名乃至五名
府県会議員　三名
公立病院長
公立病院薬局長
衛生課長
警察官　一名

専斎は「健康保護」事業の推進にとって警察との連携が必要であるとしていたが、中央衛生会でも地方衛生会でも警察の意見を反映できるよう、その参加が認められた。両衛生会の設置は、医学等学術の「政務的運用」を進めることに寄与しただけでなく、専斎が重要視した地方行政と警察行政との連携を具体化するという結果ももたらしたのである。

細川潤次郎（一八三四―一九二三）は中央衛生会にみられるような諮詢機関が存在することの意義に関して次のように指摘する。

衛生ノ事ハ固ヨリ容易ノ談ニ非ス且凡ソ事専ナレハ則精ク業分ルレハ則進ム国家ノ重事之ヲ議スル者ト之ヲ行フ者ト宜ク其権ヲ別ニスヘシ衛生ノ事ニ至テモ亦然ラサルナシ衛生ノ事衛生会之ヲ議シテ衛生局之ヲ行フ本会ノ衛生局ト共ニ常設タルハ蓋此カ為メナリ

（『中央衛生会第一次年報』より）

「衛生ノ事」は、「事専」であることから分業が求められる。すなわち、衛生のことを「議スル者」と「行フ者」とを分ける必要がある。その際、（図4）のとおり、「衛生ノ事」を「議スル」ために「衛生会」の、そして「行フ」ために衛生局の存在が確認されたのである。明治十二年の暮れに設置された中央衛生会と地方衛生会は、中央と地方において専門的な立場から、「衛生ノ事」を「議スル」ことが期待されたのであった。

（図4）「衛生会」と「衛生局」の関係

衛生会 ＝「衛生ノ事ヲ議ス」

↕

衛生局 ＝「衛生ノ事ヲ行フ」

府県衛生課と町村衛生委員

住民から直接伝染病患者の情報を得る仕組み

明治七年の医制では、府県に「医務取締」の設置が求められた。この点に関して専斎率いる内務省衛生局は次のような見解をもっていた。

医務取締ノ職掌ハ人民ニ直接シテ衛生ノ事業ヲ施行拡充スルモノナレハ其人衛生学ノ大意ニ通暁セサルヨリハ或ハ実施上ノ主旨ヲ誤リ到底事務ノ完全ヲ期スルニ苦メリ故ニ将来各地方庁ニ於テ更ニ衛生課ヲ設ケ適当ノ材学ヲ有スル官吏ヲ置クノ日ニ際セサレハ果シテ其周到具備ヲ得可ラス

（『法規分類大全』衛生門（一）より）

内務省衛生局は医制の施行後、「医務取締」や「適当ノ材学ヲ有スル官吏」、そして「衛生課」の設置が必要なことを理解していた。また明治十年のコレラの流行を経験したことで府県には衛生担当吏員を選任することが求められるようになるが、こうした意向は、明治十二年のコレラの流行が終息すると、府県衛生課の設置として具体化された。中央にあって「内務省衛生局」があるように、地方にあっては「府県衛生課」が必要であると判断されたのである。

新設された府県衛生課には、「衛生ノ大意ニ通スル者」を置くこととなった。同課は地方長官の指揮に従い「管内衛生ノ事務」を整理するのが仕事であったため、「衛生ノ大意」に通じた吏員が求められた。また新たにおこなう「健康保護」事業に関しては地方衛生会に諮詢《しじゅん》することとされ、重要と思われる案件に関しては、内務省本省に稟議することとなった。府県衛生課は、地方長官だけでなく内務省や地方衛生会の判断を仰ぎながら行政実務をとることが求められていたのである。

またこのときの衛生制度改革では、府県の意向を住民に直接伝えるための機関も新設された。町村衛生委員の設置である。中央衛生会は「抑衛生ノ事タル専攻ノ学術ニ基キ尋常刀筆吏ノ得テ計画スヘキニ非ラス必ス医学衛生学ノ大意ヲ会得スルモノニシテ始メテ緩急事ニ応スル」ことができると考えていた。専斎も「尋常刀筆の吏を駆りて学術的事業に服せしむることとなれば、悪疫流行の場合に当たりてはその運動活発ならず、往々事の肯綮を失することさえありけり」とした。「尋常刀筆吏」とは一般の事務吏員のことである。専斎やその同僚たちは、「健康保護」事業を一般の事務吏員のなせる業《わざ》ではないと考えていたのである。そのため中央・地方衛生会、府県衛生課では、「衛生ノ大意」に通じた者が委員や吏員として予定された。

医学等学術上の知見が中央衛生会や地方衛生会の議を経て政策化されると、内務省や府県、そして郡区はそれを実施することが求められる。そして郡区の下にあって住民に直に接しながら政策の履行を求める役割を担う者が必要となったのである。これが町村衛生委員であった。また町村衛生委員には住民より得られる伝染病患者の発生の有無などに関する情報を郡区等へ報告することとも求められていた。

明治十二年のコレラの流行の後、中央衛生会や地方衛生会、府県衛生課や町村衛生委員が設置された。これらはいずれも医学や衛生学の知見を有する者が衛生政策の立案や実施に携わることができるようにするための取り組みであった。明治十二年以降、医学等学術の「政務的運用」を具体化するための仕組みづくりが進められたのである。

伝染病予防規則と明治十三年の「心得書」

伝染病を法定化する

明治十二年のコレラ流行後の、衛生制度改革により新たに設置された行政機関は、ふたつの系統に整理することができる。まず、内務省衛生局、府県衛生課、郡区衛生担当吏員、町村衛生委員の系統である。今一つは、中央衛生会と地方衛生会である。前者はライン組織であり、後者はスタッフ組織である。

ここでいうライン組織とは指揮命令系統の体系である。指揮・命令は中央から地方へ、そして上司から部下へ上意下達を原則として発せられる。一方、スタッフ組織とは、もともと軍隊の参謀をモデルとする組織であり、その役割は助言・勧告を旨とする。ただし、内務卿や地方長官の諮詢機関である中央衛生会や地方衛生会の見解が、実質的に内務省衛生局や府県衛生課の活動を拘束することがある点に着目すれば、ライン組織とスタッフ組織の境界はあいまいとならざるをえない。

中央衛生会のような諮詢機関は、医学等学術上の知見を政策化する際、学術と政策を媒介する役割を担っていた。加えて中央衛生会や地方衛生会の知見が実質的に内務省や地方長官の判断を拘束することが可能であった点に着眼すれば、政策の決定と施行の両面からみてこの両機関の果たす役割は大きかったといえよう。

また町村衛生委員等の設置を実現した内務省衛生局は、それ以前より懸案となっていた伝染病予防規則の制定も実現した。同規則は、全二十四条よりなり、『医制百年史』の評するところによれば、「近代的伝染病予防法規がようやく成立するに至ったものとして、予防史上重要な意義を有する」ものであった。この規則ではまず、以下の六病、すなわちコレラ、腸チフス、赤痢、ジフテリア、発疹チフス、そして痘瘡を伝染病として法定した。

コレラはすでにふれたように、インドより世界に拡散し、専斎が衛生局長在任中にも多くの犠牲者を出した。そしてこのコレラへ対応する中で中央衛生会の設置など内務省の衛生制度改革が進められていった側面があったことは無視できない。

腸チフスはチフス菌によって引きおこされる伝染病である。チフス菌が人に感染し、腸に達すると血中に取りこまれ、高熱、頭痛、全身の倦怠感、胸部や腹部などに現れる「バラ診」と呼ばれるピンク色の発疹等の症状を引きおこす。チフス菌に感染した人の便や尿により汚染された水や食べ物を経由し経口感染する。

赤痢は、赤痢菌によって引きおこされる伝染病である。赤痢菌に汚染された水や食べ物などを経由し感染する。全身の倦怠感、急激な発熱、水溶性下痢、血便などの症状が現れる。江戸時代にはいつまでも続く腹痛から「シブリバラ」と称され、人々は嫌がった。赤痢は、人類の歴史からみて、被害がもっとも大きな疫病として取り上げられることがある。明治期の日本ではコレラのように一時に十万人を超える死者を出すことはなかったが、その被害が軽減されるようになった明治二十年代以降にあっても、継続的に人々を死に追いやった。赤痢の原因菌である赤痢菌は、北里柴三郎に師事した志賀潔（一八七一―一九五七）によって発見された。志賀は専斎とその盟友であった福沢諭吉らの尽力により設立された伝染病研究所で北里の指導を受けながら研究に没頭していたのである。

ジフテリアは、ジフテリア菌によって引きおこされる伝染病である。ジフテリア菌によって汚染された人の唾液等が咳やくしゃみを経由して飛沫感染する。発熱、のどの痛みが症状として現れ、次第に咽頭周辺などに偽膜が形成される。頸部リンパ節には炎症がおこり、高度に腫脹すると頸が牛のような状態になってしまうことがある。

これは牛頸もしくは *bull neck* と呼ばれる。ジフテリア菌は、眼球や横隔膜などの麻痺、心不全等を引きおこすこともある。

発疹チフスは、リケッチアと呼ばれる病原体が感染することによって引きおこされる。リケッチアとは生きた細胞に寄生する細菌もしくは微生物の一種である。そのため発疹チフスはリケッチア症とも呼ばれる。リケッチアを保有するノミやシラミに刺されることで感染する。高熱、発疹、頭痛、倦怠感、ときには精神錯乱といった症状が現れる。

痘瘡は、痘瘡ウィルスによって引きおこされる疾病である。痘瘡患者になるとまず高熱に見舞われ、その後、水疱・血疱が全身を襲う。疱を伴うことからわが国では疱瘡と称されることもある。専斎は痘瘡について、「幸いに全快したりとも、多くは畸形盲目となり、別人のごとく成り果」てると指摘した。痘瘡は人生を左右する病であったことから、痘瘡から無事生還することなく、「一人前の人間とは認めざる有様」とされた。人類は古来より病を通過儀礼ととらえる文化を有するが、専斎は、痘瘡のそうした文化形成の一翼を担うといった側面にも注目していたといえよう。ともかく、痘瘡は致死率が高く、仮に全快しても顔に痘痕が残ると、その痕とともにその後の人生をおくることを余儀なくされるなど、それが治癒した以後の人生にも大きな影響を与えたことから、十八～十九世紀にかけて、もっとも恐ろしい病気の一つであった。

この痘瘡の恐怖から人類を解放に導いたのがジェンナー（Edward Jenner, 1749―1823）の提唱した種痘である。

十八世紀の初頭、痘瘡患者の瘡蓋を利用し、非感染者に軽い感染を引きおこし免疫を形成するやり方がイギリス王室に知らされ、このやり方が理解されるようになると、種痘の効用が次第に広がっていった。種痘は *variolation* と表記された。英語では痘瘡を *smallpox* と表現するが、学術用語では *variola* が用いられる。すなわち種痘とは、人の手による意図的「痘瘡化」ということである。その後、十八世紀の後半、ジェンナーが雌ウシの痘瘡に注目するようになると、以後の種痘は人痘ではなく牛痘が使用されるようになっていった。十八世紀後半、「雌ウシ」を英語では *vaccinae* と表記した。ここから「牛痘」は *variola vaccinae* となる。この *vaccinae* は、時代が下るにつれワクチンの名で知られるようになる。そしてワクチンを接種するのが *vaccination* 、すなわち予防接種である。予防接種の必要性は、痘瘡の恐怖からの解放が目指される中で普及していったのである。

わが国では十九世紀前半に長崎の出島にやってきたオランダ人のシーボルトによりジェンナーの牛痘による種痘のやり方が伝授されたことがよく知られている。その後、シーボルトに学んだ伊東玄朴は、すでに本書でも指摘したように幕府に種痘の重要性を説き、お玉が池種痘所の設置に貢献する。日本では近世から近代にかけて徐々に種痘が浸透していった。専斎の祖父、俊達も杉田玄白らの『解体新書』の出版という時代を生きる中で西洋の学問に注目するようになり、大村藩医として地位を獲得するかたわら、蘭学医としての活動に従事し、同藩の種痘の普及に貢献した。時代が明治に代わると新政府は早くより痘瘡対策の必要性を理解し、明治三年には「種痘法ヲ普ク実施セシム」ことを求め、同九年には天然痘予防規則を出して痘瘡の流行を予防しようとした。

中央政府と地方政府の連携を進める

こうした痘瘡やコレラなどの伝染病に対して伝染病予防規則では、伝染病患者発生の報を医師から受けた町村衛生委員は、郡区長及び最寄りの警察署に連絡することが求められる。そして郡区長は地方長官に情報を提供することとされていた。その連絡を受けた地方長官は内務省に報告すると同時に、管内及び隣接の府県等へ状況を説明することで、伝染病の流行を予防しようとしたのである。

明治十年代、法定された伝染病の中にあって特段の注意喚起がなされていたのが、多くの犠牲者を出していたコレラであった。伝染病予防規則では、コレラ患者発生が確認され、地方長官が、患者隔離のための避病院が必要であると判断した際には、内務卿に具状したのちこれを設置することとし、伝染病患者宅には病名を書して門戸に貼付し、府県衛生課吏員や警官などの指示の下、患者宅家族と他家との行き来は原則禁止された。伝染病患者の排泄物、汚穢物の処理の仕方、埋葬地、患者の使用した衣服・器具等の再利用に関しても住民の自由を制限した。飲み水や厠の清潔・掃除も求められた。さらに、コレラの流行が激しいときには、地方長官は内務卿の許可を得て、医師、衛生吏、警察官、郡区・町村吏、等より検疫委員を選出することとした。虎列刺病予防仮規則で経験したように、検疫委員をここでも活用し、コレラの予防及び消毒の事務を担当させることとしたのである。

この規則は、医師等の活動で伝染病の発生が確認されると、内務卿、地方長官、警察官、郡区・町村吏といった指揮命令系統の体系であるライン組織を活用し、伝染病の予防及び消毒の励行、患者の隔離等を推し進めることに貢献したのである。

明治十年以来、コレラの流行に悩まされた明治政府は、この伝染病予防規則を制定することで、伝染病を法定し、その予防に努めることとなったが、伝染病予防事務を所管する内務省はこれに満足することなく、さらに伝染病予防のための「心得書」の制定も進めた。そして伝染病予防規則の公布をみた約二ヵ月後には、伝染病予防法心得書の制定が実現するのであった。明治十三年の「心得書」である。

「心得書」を出して伝染病予防の効果を高めようとする試みは明治十年のコレラ流行の際にもみられたことである。明治十年のそれはコレラへの対応の必要性から虎列刺病予防法心得とされた。この十年のものに続いて明治十三年のそれは、専斎が内務省衛生事務の責任者となって以来、ふたつ目であった。この「心得書」を専斎は、後になってふりかえり「第二の心得書」として位置づける。

明治十三年の「心得書」では伝染病予防規則で法定されたのと同様に、「本邦流行伝染病中最モ予防注意ヲ要ス」るのは、「虎列刺、腸窒扶私、赤痢、實布垤利亜、発疹窒扶私、痘瘡」の「六病」だとする。「六病」の症状はそれぞれ異なるものであるが、伝染病として予防しなければならないという点では共通するとし、「清潔法」、「攝生法」、「隔離法」、「消毒法」の四項目をその予防の基本とした。ここでいう「清潔法」とは、「土地ノ不潔ハ伝染病ヲ蔓延スルノ媒介タリ」との判断から、土地を清潔に保つべく、家屋、溝渠《こうきょ》、芥溜《ごみため》、厠等の汚穢物の掃除を奨励するものであった。「摂生法」では、疾病は過度の労働や栄養不良等による衰弱との関係があることから自らの「強健」を心がけるよう求めた。「隔離法」では、伝染病は患者の排泄物や唾液等を通じて広まる点に注目し、病人本人はもとより排泄物等も隔離し、非感染者の接触を避けることを要請した。またコレラなどは感染力が強く、患者本人だけでなく看病人も隔離することとされた。「消毒法」では、患者の使用した衣服や毛布等は焼却可能であるが、これにかなわないものは、石炭酸などの薬剤を用いて消毒をおこなうこととした。「消毒法」は伝染病発生後の対策として位置づけられ、吏員や警官はその実施が要請された。

伝染病予防規則や専斎が「第二の心得書」として注目した伝染病予防法心得書が制定されたことで、中央政府と地方政府の連携の下、伝染病予防の指針が示されることとなったのである。

第四章

「健康保護」事業の拡張への取り組み

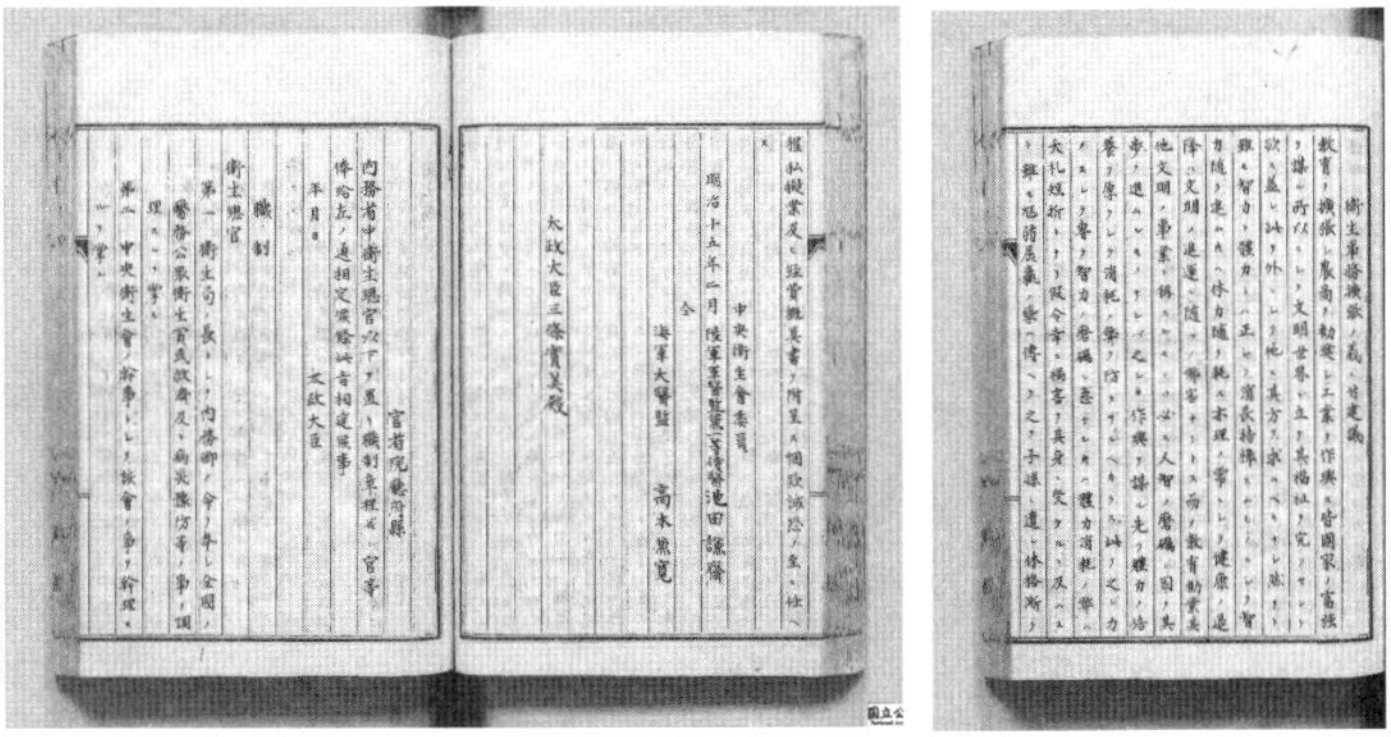

池田謙斎と高木兼寛の「衛生事務拡張ノ義ニ付建議」（「公文録」）

「衛生事務拡張論」

内務省衛生局の規模拡大を模索

コレラの流行がもたらす被害が大きかったことから、明治政府は伝染病予防の重要性を理解し、対策に取り組んだ。その結果、中央衛生会や府県衛生課等の設置が実現した。しかし「健康保護」を推進するための仕組みづくりは、その後、新たな展開をみせた。政府の進める「健康保護」事業に満足しない衛生官僚たちが「衛生事務拡張論」を打ちだしたのである。衛生官僚たちは、明治七年に確認された「衛生行政権」の所在とその運用に満足できていなかったのである。

明治十五年（一八八二）、中央衛生会で専斎とと

池田謙斎
（『東京帝国大学五十年史』より）

高木兼寛
（慈恵看護専門学校 HP より）

もに「健康保護」事業に取り組んでいた池田謙斎と高木兼寛《かねひろ》（一八四九―一九二〇）は「衛生事務拡張ノ義ニ付建議」を内務省に提出した。ここで池田と高木は、「健康保護」事業の不備は「国家ノ貧弱此ニ胚胎ス」、これを防ぐためにはその拡張をしなければならないとする。専斎も「衛生事務拡張ノ建議ニ対スル意見」を認め、「衛生事務ノ行否ハ国家ノ盛衰ニ関シ今日必之カ拡張ヲ図」らねばならないと記し、池田等の立場を支持した。池田等は、内務省衛生局は存在するも、その役割は、「僅ニ虎列拉予防」の「一事」もしくは「一局」であるとの世評に不満であった。また外国との関係においては、明治十二年のコレラ流行の際、外国船の検疫を試みたところ、「主務局ノ体裁未タ信拠スヘカラサルモノ」あり、「衛生組織ノ完カラサル」とのことから、協力が得られなかったとの反省があった。検疫停船規則を施行するための「権理」の所在が不明確であったのである。

一方で西欧諸国に目を転じれば、イギリスの「地方総轄局」やドイツの「全国衛生院」にみえるような「中央官衙」が用意されている点に池田等は注目した。そこで日本にもこうした「官衙」の役割が外国に認められれば、検疫停船規則の施行も容易となると考えたのである。また国内では住民は、コレラ流行時には健康への関心を示すが、危難過ぎ去れば日常の「健康保護」に対する関心は途端に薄くなっていくとする。そこでこうした内政及び外交上の課題を解決するために、内務省衛生局の規模を拡大し、その役割をより明示的にしようとしたのであった。

専斎は、「衛生意見」作成時よりすでに「健康保護」事業と「貧民救済」事業は関係が深いことを示唆していた。この点に関しては池田等も、欧米の諸国では「健康保護」事業を所管する官庁が救貧事務をも同時に所管すると理解した。たとえばイギリスでは「地方総轄局」が、衛生と済貧の事務を所管し、合衆国マサチューセッツ州では、衛生局の組織を変更して「衛生済貧顚狂事務局」と改称したことを取り上げる。こうしたイギリスや合衆国、さらには「全国衛生院」を設置したドイツの判断に注目しながら、池田等は、「健康保護」及び済貧の事務を所管する「独立ノ一省」もしくは「一院」の設置を求めるのであった。

今英独諸国ノ制ニ倣ヒ独立ノ一省若クハ一院ヲ置キ衛生済貧等ノ事務ヲ統轄セシメラルヽハ頗ル緊要ノ事ナリ

（「公文録」より）

しかし池田等は、一足飛びに独立した組織の新設が難しいのならば、まずは内務省中に「衛生総官」を置き、「全国ノ医務公衆衛生貧民救済及ヒ伝染病予防等ノ事」を担当させることを予定する。

今日ノ現状ヲ考フルトキハ姑ク一歩ヲ退キ内務省中ニ衛生総官ヲ置キ全国ノ医務公衆衛生貧民救済及ヒ伝染病予防等ノ事ヲ執行セシメ内ハ百般文明事業ノ資源ヲ深クシ外ハ各国対峙ノ権理ヲ占メ交際ノ信義ヲ失ハサランコト

（「公文録」より）

ここでの「衛生総官」設置構想は、内務省衛生局に「衛生総官」を置き、その下には「衛生官」を新設することで「健康保護」事業の拡張を図ろうとするものであった。

山《やま》田《だ》顕《あき》義《よし》

専斎の進める衛生行政の理解者

池田等の構想は同年七月には、「衛生局組織変更之義ニ付上申」として山田顕義内務卿（一八四四―一八九二、内務卿在位：一八八一―一八八三）から太政大臣に提出されたが実現せず、九月に入り改めて山田内務卿より「衛生事務ニ係ル費用御下付之義ニ付上申」として再提出された。このときは先の「衛生局組織変更」のことだけでなく、中央政府による地方衛生吏員の督察・教導や郡区医の設置、町村衛生委員の見直し等も取り上げられた。山田内務卿の「衛生事務拡張論」は池田等の構想を踏

山田顕義（国立国会図書館所蔵）

まえて、この機に内務省衛生局が抱えていたその他の課題も解決しようとするものであったといえよう。

山田は松下村塾を経て陸軍にて活躍し、その後、司法卿や司法相を務めた。また近代日本の法典整備に尽力したことや、日本法律学校（現、日本大学）の設立を進めたことがよく知られる。しかしその一方で、専斎との関係でいえば、ともに岩倉遣外使節団に随行し、欧米諸国を視察した間柄であった。内務卿に就任すると衛生事務を所管する内務省の責任者として池田らの建言に対して理解を示し、その「拡張」に取り組んだのである。

山田内務卿はこの建言の中で、地方衛生吏員の督察・教導を進めることが肝要とする。山田は、「衛生ノ事タル医学理学等ノ原理ヲ移シテ政務上ニ活用スルノ方法ニ外ナラサル」との認識に立ち、医学等学術上の知見が浸透する以前にあっては、そうした知見を有する官吏を地方に派遣し、担当の吏員において理解が得られた後に、住民に対して、政府の進める「健康保護」事業の効用を説くことが必要であるとしたのである。専斎は、医学等学術の「政務的運用」を通じて住民の「健康保護」の実現を図った。これに対して内務卿の見解では「衛生ノ事」は、「医学理学等ノ原理」を「政務上ニ活用」することだとされていた。明治十年代半ばともなると専斎のサニタリーやゲズンドハイツプフレーゲに対する理解は、内務卿にも共有されるようになっていたのである。

山田が取り上げた地方衛生吏員の督察・教導は、イギリスやドイツにあっても取り組まれていることであった。山田は中央政府より「検査監視ノ委員」が派遣されることの意義を理解し、地方に「健康保護」の事業が「放任」されることはないとする。「健康保護」事業の推進には、府県以下にあって、政府の立場を理解する吏員が必要であったのである。

このように地方衛生吏員を督察・教導し、さらに今後、「健康保護」事務を整理していくためにはより多くの官吏が必要とされる。そこで山田は、池田等の議論に賛意を示し、衛生局職員の拡充を認めるのであった。このとき、山田は「衛生官」新設の意義を強調する。「衛生官」を設置し、中央政府による事務の統一を進めることを山田は求めたのである。こうした中央政府による事務の統一は、池田等も取り上げていたドイツにおける一八七六年の「全国衛生院」の設置やあるいはアメリカ合衆国における一八七九年の「華盛頓中央衛生局」の設置といった具合に欧米諸国でもみられる現象であると山田には映っていた。

「衛生官」の位置づけ

ドイツの「全国衛生院」などにみられるような「官衙」には、「衛生官」の名を帯びて「皆多少衛生ノ学ヲ修」め、「終身ヲ衛生ニ委」ねる者たちが従事した。「衛生官」たちは、「学理」や「実験」を通じて、衛生学等の学術に通じていることから、規則によって住民の自由が制限されることがあっても、一律に規則を適用することなく、その目的に鑑みながら柔軟に運用することができると期待されていたのである。これに対して明治期の日本では、「規則条例ハ概ネ欧米ニ法トルモノナルニ施政ノ実際ニ至テハ其流利彼ノ如クナル能ハサル」との有様であった。その要因は「実務者ノ不熟」であった。実務者がその業務の「専門」でなかったのである。そこで山田はこうした事態を回避するため衛生実務者を「衛生官」の名称で位置づけ、「一種専門家ノ体」をなさしめ、「名誉ヲ消長スルノ習慣」を養成することが重要であるとしたのである。山田は「衛生官」の要件を次のように提示する。

衛生官ハ医学理学統計学等ニ熟スルノ人ニシテ旁ラ政務ニ通スルニ非サレハ不可ナリ

（「公文録」より）

医学、理学、統計学等に「熟スルノ人」とは、医学や統計学等の専門家である。こうした人たちは「衛生官」にならずとも、生活を営むことに支障がない。山田はこのことも理解し、こうした「十二分ニ生活ヲ営ムノ人」を「衛生官」にするためには、彼らに「衛生官」であることを誇りと思えるような環境を整えねばならないとした。

山田の案では、「衛生官」を新設するならば、住民は伝染病予防等の際には一目置きやすくなるし、検疫との関係では、外国人に対して、「衛生官」の名称をもって当該事務を進めることができるとの見通しが示された。とくに検疫では、先の池田等同様の反省が山田にもみられた。山田は明治十二年（一八七九）のコレラ流行時の経験をふりかえり、その事務にあたった日本側の担当者が「書記官」の名称であったことから外国からは「冷笑」され、検疫の効果を十分にあげることができなかったとする。山田にして、「健康保護」事務を担当する担当官は、実務に通じているだけでなく、その名称も重要であったのである。

山田の「衛生官」設置構想は、十月に入りなされた「衛生局組織改正之義ニ付上申」において明らかなように、「衛生総官」と「衛生官」の新設によって具体化されることが予定されていた。ここでは「衛生総官」は「全国の医務公衆衛生貧民救療及ヒ病災予防ノ事ヲ調理」するとされた。そしてこの「衛生総官」の下に、「衛生官」を置き、衛生局の事務を分担することとしたのである。

また山田は「衛生官」の新設だけでなく、衛生事項は「其原理ヲ医学ニ資ルカ故ニ実施ノ際医師ノ諮詢ヲ要スルコト多シ」との判断から、各郡区に医師を配置することを求めた。山田は府県管下の郡と区に住民の「健康保護」を図るための医師の配置が必要であると考えていたのである。これはイギリス、フランス、ドイツ、アメリカ合衆国の制度を参照したものであった。こうした国では「流行病医」や「郡医」等が設置されている点に山田は注目したのである。加えて山田は郡区庁管下の医師を設置することで、病院の設置に代わるものと位置づけていた。明治十年代は各地に病院が設置された時期であった。しかしその病院の恩恵を受けることができない者が生じ、そうした者に対する医療需要を郡区医に担当させようとしたのである。そしてまた伝染病予防や貧民施療にとどまらず、山田は郡区内の医師、薬舗、産婆、薬物等の取り締まりや医事裁判上に関する事務にも郡区医がかかわることを予定するのであった。

さらに池田等の建言を受けた山田の案では町村衛生委員の見直しにもふれられていた。すでにみたように、この制度は明治十二年のコレラの流行が終息したのち採用されたものである。当該委員は山田にして、「人民ニ直接シテ規則条例ノ主旨ヲ説示シ事務ヲ斡旋シテ其周到ヲ謀ラシムル」ことが期待されていた。しかし実際には当該委員の設置の意義は住民には十分に知られていなかった。その手当も不十分であった。そして伝染病が流行すれば患者宅に赴き、予防法を説き、患者にふれなければならなかったことから、感染のリスクを否定できなかった。そのため人々は衛生委員に率先してなろうとすることはなかったのである。そこで山田は、町村衛生委員制度の改革を進めようとする。山田の案では、町村衛生委員は郡区長に「直隷」し、俸給を定め、褒賞制度を整えることで、「利益ト名誉」とを以て「適当ノ人物ヲ得ルノ道」が模索されていた。山田は町村衛生委員制度の活用なくして、「如何ナル善法良規アルモ遂に町村人民ノ間ニ普及スルノ期ナカルヘシ」とした。

池田謙斎と高木兼寛の建言を受けた山田は「衛生官」や「郡区医」、「町村衛生委員」

を活用することで内務省衛生局の「衛生行政権」を運用していくことを企図したのであった。

「衛生官」の設置は認められなかったが予算は獲得

山田がこうした上申をおこなったのは明治十五年（一八八二）九月のことである。当初は衛生事務拡張のために約四十六万六千円の予算を要求していたが、太政官政府の意向は芳しくなく、その翌月には、約十六万千円に修正した。その内訳は、「衛生検視諸費」として約十一万五千円、「衛生局費増額」として約四万六千円であった。前者は内務省衛生局官吏を派遣し、地方衛生吏員を督察・教導するための費用であり、後者は「衛生官」設置構想にかかるものである。しかしそれでも内務省の予算要求は認められる見通しが立たず、同月二十四日には、山田内務卿は改めて「衛生局組織改正之義ニ付上申」を太政官政府に提出するのであった。

しかし結局のところ、池田等の建言に端を発する「衛生総官」以下「衛生官」を新設し、衛生局の組織の拡充を図ろうとする構想は、山田の数度にわたる働きかけにもかかわらず政府の認めるところとはならなかった。それでも繰りかえし建議をおこなった山田の行動は、太政官政府を動かし、池田や専斎は「衛生事務拡張費」として毎年十五万円の予算を獲得するという結果を手にするのであった。明治十五年十二月のことである。

山田の明治十五年の取り組みにより、専斎には、地方衛生吏員を督察・教導することで、「健康保護」事業の地方での進展を期する途《みち》が残されたのである。

後藤新平

後の東京市長は医師であり、内務省の衛生官僚であった

池田等が「衛生事務拡張論」を唱えていた翌年、後藤新平が衛生局官吏として入局する。後藤は後に台湾民生局長、初代満鉄総裁、逓信大臣、鉄道院総裁、外務大臣、東京市長、内務大臣、関東大震災後の帝都復興の陣頭指揮を執る帝都復興院総裁等を歴任することから、その都度、自らの構想の実現を目指す政治家としての印象が強いが、若き日の後藤は医師であり、そして専斎に見出された内務省の衛生官僚であった。

後藤は陸中国胆沢郡塩釜村（現在の岩手県水沢市）の出身で、幼少期より地元では腕

白小僧で通っていたが、同時に才気煥発でもあった。鳥羽伏見の戦いを制した明治政府の下、胆沢県が設置されると、のちに後藤の岳父となる安場保和（一八三五―一八九九）が大参事として赴任した。そしてこの安場の部下として赴任したのが、やはり後藤の人生に影響を与えることとなる阿川光裕（一八四五―一九〇六）であった。安場は後藤の才能を見出すと、この阿川にその教育を任せることとした。

明治五年（一八七二）、福島県に転任した阿川は、後藤を医者にするべく同地へ呼びよせた。後藤は、医者になることにそれほど関心はなかったが、学びの機会を得るためには阿川の進言を受けいれるほかなしとし、福島に赴いた。後藤が福島に赴いた当時の医学教育は、原書やお雇い外国人から直接西洋の医学を学ぶ「正則医学」と日本語に翻訳された形で西洋の医学を学ぶ「変則医学」とがあった。後藤は当初、「正則医学」を学ぶことを予定した。そのため福島洋学校に一旦籍を置き、語学をはじめとする洋学のための基礎知識を習得することとしたのである。しかし明治ゼロ年代の当時、西洋の語学を習得するための環境はそれほどよくはなかった。語学教員の養成がいまだ十分になされていなかったのである。後藤は福島洋学校での教育を通じて、語学に関心を抱けなかった。その一方、後藤の関心は、数学をはじめとする自然科学の方に移っていった。こうした事態をみた阿川は、後藤の医学への関心をみてとることができなくなり、「正則医学」を後藤に学ばせる予定を変更し、「変則医学」ではあったが、須賀川医学校において後藤を学ばせることとした。学資のことがあったため、後藤は阿川の勧めに従い、「変則医学」において医学を学ぶこととなった。結局後藤は「正則医学」を学ぶことができなくなった。このことは後の後藤のコンプレックスにつながっていった。

　須賀川で医学を修めた後藤は、明治九年八月、愛知県病院に医師として職を得る。このときの県令はあの安場保和、そして阿川光裕も同地に赴任していた。愛知県で職を得た翌年には、医術開業免状が下付された。当時は「正則医学」を学んだ者は、医術開業試験を受けることなく医師として活動することが許されたが、「変則医学」の課程に籍を置いた者は、医術開業試験に合格しなければならなかったのである。

　愛知県で職を得た後藤は、医師として活動するかたわら、司馬《しば》凌海《りょうかい》の指導を受けながら、多くの洋書より知識を吸収する機会に恵まれた。専斎が長崎医学伝習所時代に面識を得たあの司馬である。司馬は当時にあっていわば語学の天才ともいいうる人物で、精力的に翻訳業をこなしていた。後藤は司馬の家塾で、海外の事情にふれていったのである。

海外の医事制度を調べる中で後藤は、次第に疾病の治療だけでなく、その予防にも関心を抱くようになった。その成果は、明治十一年の「健康警察医官ヲ設ク可キノ建言」や、「愛知県ニ於テ衛生警察ヲ設ケントスル概略」に現れ、こうした建言を通じて後藤は、「健康警察医官」や「衛生警察」の必要性を打ちだしていったのである。ただしここで後藤が提示した「健康警察医官」や「衛生警察」に示される「警察」の含意は、治安の維持に還元されるものではなかった。

衛生事業における「警察」の役割

後藤が活躍の場を見出すべく奔走していたおよそ百年ほど前、十八世紀のヨーロッパでは、「警察」は国家や行政と関連づけながら議論が加えられた。これは官房学の役割が問われる中でなされた。

官房学は、十九世紀に誕生するアメリカ行政学の前史として紹介されるものである。行政学の学説史を整理すると、ユスティ（J.H.G.v. Justi, 1702—1771）の名前がしばしば登場する。ユスティは、この官房学を「警察学」の視点から整理しなおし、後進の育成に役だてるための取り組みをはじめたのである。この時期の「警察」はそのため治安の維持といったものより広い意味を有しており、「国家の統治」や「行政」をその含意とした。ヨーロッパで「健康保護」事業の形成に貢献したとして知られるフランク（Johann Peter Frank, 1745―1821）は、この「警察」の作用を用いることに注目したのである。

十八世紀後半（一七七六年）、医学の学位を取得したフランクは、医者―患者関係からなる医療活動に満足しなかった。医学の知見を修めたフランクは、医学と「警察」、もしくは国家、あるいは行政との連携の必要性をそれまで以上に精力的に説くようになっていった。フランクはこの連携を *medizinische Polizei* と表現する。これを直訳すれば「医事警察」となろう。この「医事警察」とは、医者―患者の関係からなる医療活動ではなく、国家と住民、もしくは公衆との関係性の中に成立するものであることから、現在

ヨーロッパの「健康保護」事業の形成に貢献したフランク（*Große Ärzte* より）

後藤新平と和子夫人（明治16年9月）
（後藤新平記念館所蔵）

の公衆衛生に通じるものである。医療の歴史に造詣が深いことで知られるシゲリスト（H. E. Sigerist, 1891—1957）の業績の一つである、*Große Ärzte* を英訳したイーデン（Eden, 1865—1944）とスィーダー（Cedar, 1880—1972）は、*medizinische Polizei* の訳語に *medical police* を充てた。その際、*Polizei* の概念を取り上げ、ドイツ語圏では英語圏に比較してこの言葉をより広く理解する傾向があることから、フランクのこの視点を表現するならば、*public hygiene* であると注記した。イーデンらのこの指摘は、フランクの視点が治安の維持ではなく、より広く公衆の健康に関心が注がれていることを強調するという効果をもったといえよう。

フランクの取り組みを踏まえたうえで後藤の「健康警察医官」や「衛生警察」の含意を推しはかるならば、後藤が警察官を動員して住民の健康の増進を図ったとする理解には至らない。後藤は自身の建言を踏まえて、住民の「健康保護」への国家や行政の介入を正当化しようとしたのである。後藤は先の建言を通じて、コレラなどの伝染病が流行したときにはじめて予防法を設けたのでは、「猪鹿田圃ニ闖入シテ弓箭ヲ製シ干戈辺陲ニ起リテ弾薬ヲ造クルニ異ナラズ」と批判し、西洋医学に通暁した者で、一般の吏員とともに、医師と連携をとりながら、官民相互の間を斟酌して予防法等を確認し、県下一般の人々の「健康保護」に従事する「医官」の創設を進言したのである。後藤はこの「医官」を通じて医学と国家、もしくは行政との連携を実現しようとしていたのであった。

専斎は後藤を信頼して支持者を得た思い

また後藤は、住民の日ごろからの健康への関心や伝染病予防の必要性を見出し、「愛衆社」なる組織を立ちあげ、自身の目的達成に向けて動いていた。この「愛衆社」は、これよりのち、専斎が明治十六年に設立した大日本私立衛生会の理念と方向性を同じくしていた。「健康警察医官」の設置を目指し、「愛衆社」の活動を広めようとする後藤の言動が、中央にあって内務省衛生局の責任者として全国の「健康保護」事業の推進を目指していた専斎の歓心を買うこととなった。専斎に認められた後藤は、以後、内務省の衛生官僚としてのキャリアを積みはじめることとなったのである。

後藤が衛生官僚となったのは明治十六年（一八八三）一月のことである。入局した後藤は、その直後に衛生局が立ち上げることとなる内務省衛生事務諮問会を運営するスタッフとして活躍し、また同諮問会閉会後にあっては新潟、長野、群馬への出張を通じて衛生局の進める「健康保護」事業の要点を見出していった。帰京後、衛生実務者の注意する点として、地理上の特徴と衛生上の慣習を重視することが肝要であるとの報告書を取りまとめた。後藤のこの見解は、伝染病予防への住民の能動的な協力を引きだすのに必要な視点であった。専斎は後藤新平という、先の池田等同様、「健康保護」事業の必要性を理解し、その実現に向け奔走する、構想と行動力の人をここに得たのである。

内務省衛生事務諮問会

地方衛生吏員等との連携強化

明治十五年、池田謙斎と高木兼寛が「衛生事務拡張ノ儀ニ付建議」を山田顕義内務卿に提出したとき、専斎は池田等の議論に同調し、「衛生事務拡張ノ建議ニ対スル意見」を認めた。明治十五年二月のことであった。この意見書の中で専斎は、地方衛生事務のことについてふれている。

地方衛生事務ハ既ニ地方衛生会府県衛生課町村衛生委員ノ設アリ其組織完備ナルカ如シト雖モ其実大ニ然ラス地方衛生会アルモ其開会概ネ一年両三回ニ過キサルアリ府県衛生課吏員モ亦往々他課ヨリ兼勤スル者アリ町村衛生委員ノ如キハ適任ノ者ヲ得難キハ論ナク多クハ殆ト名アリテ其実ナク人民ニ直接シテ其職務ヲ施行スルコトヲ勉メサルノ弊アリ是地方衛生事務ノ挙カラサル所以ナリ

（「公文録」より）

専斎は地方衛生会や府県衛生課、町村衛生委員の設置には満足していたようである。しかしこれらの制度を運用する段階になって、地方衛生会の開会頻度や衛生に関する素養を有した衛生課員の不足、町村衛生委員のなり手の不足など、「健康保護」事業を進める際の課題をいくつか認めていた。そこでその翌年、府県衛生課の課長や府県立病院長を東京に招集し、内務省衛生局の方針について意見交換の場をもつこととしたのである。山田顕義は地方衛生吏員を督察・教導することが必要であるとしていたが、専斎もその意義を認め、吏員たちとの対話をはじめたのであった。これが明治十六年の内務省衛生事務諮問会である。

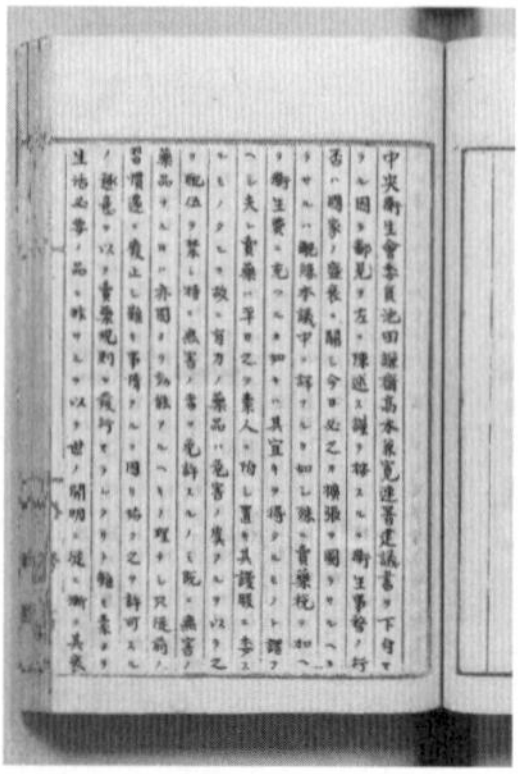

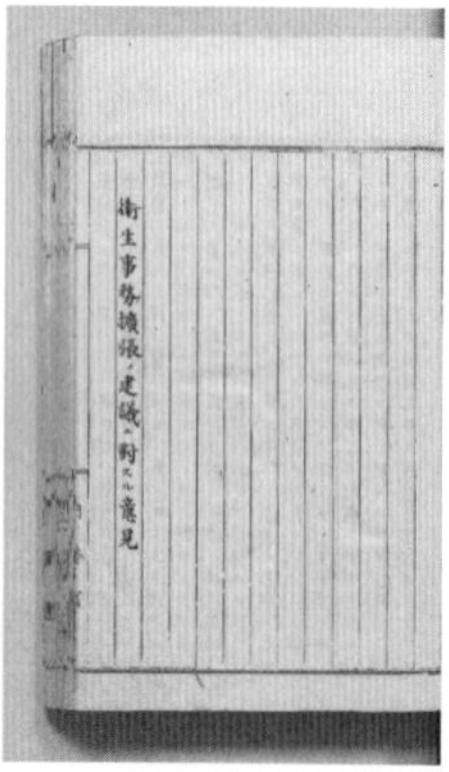

衛生事務擴張ノ建議ニ對スル意見

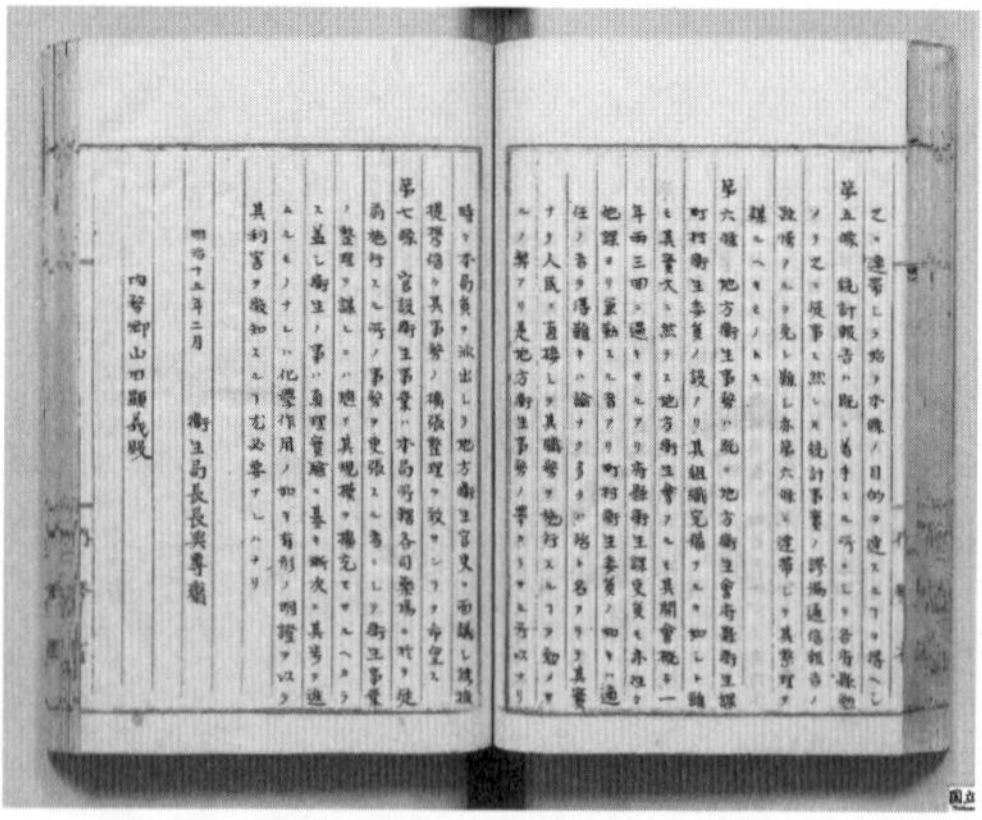

明治十五年二月　衛生局長長與專齋

内務卿山田顯義殿

長与専斎「衛生事務拡張ノ建議ニ対スル意見」（「公文録」）（上下とも）

内務省衛生事務諮問会は、専斎が会長となり、明治十六年二月六日から二十一日にかけて、各府県衛生課長及び府県立病院長、そして警視庁の衛生事務担当者を召集して、警視庁内の会場を利用し開かれた。明治十六年二月二十一日付『東京日日新聞』は、警視庁衛生主務者をはじめ、各府県においては、沖縄、根室両県の他は、衛生課長或いはこれに準ずる者と病院長の両方、あるいは場合によってはどちらか一方の出席を得たと報じている。またこの諮問会では、芝離宮や紅葉館等において、意見交換もかねて親睦会も開かれたようである。

府県衛生課の職員は郡区以下の衛生吏員や町村衛生委員を指導する立場にあった。内務省衛生局の意向を住民一人ひとりにまで行きわたらせるためには、地方の衛生事務を担当する府県衛生課の職員が内務省衛生局の方針を理解しているということが重要となる。

二十一日に内務省衛生事務諮問会が閉会すると、その翌月から内務省衛生事務諮問会が開催されたのを理由として今度は府県で、郡区および町村の衛生事務担当者の再編に向けた取り組みがはじめられた。たとえば東京府では衛生事務諮問のため管下にある郡区の衛生事務担当者を招集することが決定された。東京府衛生事務諮問会の開催である。東京府では郡区役所の衛生吏員を招集し、各郡区が有する伝染病発生の動向や伝染病予防の進め方について情報を共有する機会を設定することとしたのである。東京府は内務省衛生局の意向を町村まで届け、そしてその状況を取りまとめるためには、府と町村とを接続する吏員の活動に注目したのであった。

明治十六年四月、第一回東京府衛生事務諮問会が開催されると、「衛生委員ノ事」が議題として取り上げられ、閉会後、各郡区管下にある町村衛生委員の実態調査がはじまった。明治十二年の暮れに設置された町村衛生委員は、「健康保護」をめぐり住民と直に接した。専斎からすれば、内務省衛生局の方針を住民に直接届けることのできる行政機関であり、そのため重要であった。「健康保護」事業を進めるための地方行政との連携は、内務省衛生事務諮問会の開催を経て再構築が図られたのである。

さらに内務省衛生事務諮問会では、府県連合衛生会のことも取り上げられた。そして同会閉会後には、開催に向け準備が進められることとなったのである。たとえば東京府や神奈川県あるいは新潟県などが所属した第一区府県連合衛生会の活動をみるならば、「健康保護」事業を進めるに際しての吏員の衛生担当吏員の役割など、府県間で情報共有されるべきものが議題として取り上げられた。あるいは種痘事業など全国にかかわる問題に関しては、府県から内務省への建言としてまとめられていった。専斎は「健康保護」事業には地方行政との連携が必要であるとする。この専斎の立場は、府県連合衛生会を通じて、府県間、あるいは府県と内務省との連携が強化されることで維持される。専斎の進める「健康保護」事業をより広く住民生活に浸透させるためには、地方衛生吏員がいかなる働きをするかが重要であり、そのための情報の共有が求められたのであった。

第五章

住民との連携への取り組み

大日本私立衛生会

「私立」ながら内務省、陸海軍、東大も参加

専斎は住民の「健康保護」を行政上の課題として取り上げ実現していくためには、地方行政と警察行政との連携が必要であると考えていたことはすでにふれた。明治十年、十二年のコレラの流行を経験したことで、府県には衛生課や町村衛生委員が設置され、地方行政との連携に向けた取り組みが進められた。また警察に関しても明治ゼロ年代より業務の一環として、住民の「健康ヲ看護」することが期待され、明治十二年以降は中央衛生会や地方衛生会といった諮詢機関へも委員として加わり、伝染病対策にかかわった。伝染病の流行を契機として、地方行政と警察行政との連携を進めるための環境は整えられていったのである。

しかし専斎はこうした衛生政策を提供するサプライサイド、すなわち政府の側の視点からのみ住民の「健康保護」を進めようとしていたわけではなかった。政府の衛生政策を受容するディマンドサイド、すなわち住民の側にも衛生問題への対応を求めて

いたのである。それは専斎の大日本私立衛生会にこめた期待にみてとることができる。

大日本私立衛生会は、「私立」とされているが、その設立に尽力し、実現に向けて導いたのは、専斎をはじめとする内務省の衛生官僚や同省法制官僚、陸海軍の軍医、あるいは東京大学医学部教授等、政府の側にある面々であった。そのため大日本私立衛生会は、いわば半官・半民の組織であったと評するのが妥当である。ここでは、政府側の会員と民間の側から参加する会員とが「健康保護」のための情報を互いに共有する中で、衛生知識の普及が促され、住民の衛生問題への理解が進むと考えられていたといえよう。すなわち医学等学術を「政務的に運用」し、住民の「健康保護」を実現するためには、地方行政と警察行政を活用するだけでなく、住民との連携も必要であると専斎は考えていたのである。

明治十六年（一八八三）五月二十七日、京橋区木挽町の旧明治会堂において大日本私立衛生会第一回大会が開催される。設立当時の幹部は以下のとおりであった。

会　頭　　佐野常民
副会頭　　長与専斎

幹　事　高木兼寛
長谷川泰
後藤新平
石黒忠悳
松山棟庵
白根専一
太田　実
永井久一郎
三宅　秀
田代基徳

設立幹事は専斎と適塾、蘭学、西洋医学でつながる

会頭に就任した佐野常民（一八二二―一九〇二）は幼少より勉学の優秀なことで知られ、緒方洪庵や伊藤玄朴の下で蘭学や医学の知識を吸収し、長崎海軍伝習所では航海や造船の技術を学んだが、佐賀藩より慶応三年（一八六七）開催のパリ万国博覧会へ

佐野常民（国立国会図書館所蔵）

の出席が命じられると、現地会場の赤十字展示館にて赤十字の活動を知ることとなる。赤十字の活動は、佐野がパリに赴いた四年前、スイスにおいて立ちあげられていた。この活動は人命尊重を重要視し、戦場にあって、敵も味方もなく、負傷した者を救護することを打ちだしていた。佐野はその理念に共鳴し、明治十年の西南戦争の際には、日本版の赤十字として博愛社を立ちあげ、負傷者の救護にあたった。「健康保護」事業にも関心をもち、明治十六年の大日本私立衛生会の設立の話を聞くや、住民への衛生知識の普及の必要性を理解し、専斎の活動に参加したのである。

幹事のうち石黒忠悳や三宅秀は、明治九年の米国万国医学会に専斎とともに渡米した間柄であった。後藤新平は、名古屋の地で専斎と同じく「健康保護」事業の重要性を打ちだし、具体化に取り組んでいたことが専斎の歓心を買い、内務省衛生局官吏となったばかりであった。

高木兼寛（一八四九―一九二〇）は、明治十三年、イギリスのセント・トーマス病院への留学から帰国すると、イギリス流の医療の普及に尽力しはじめた。東京大学の医学教育はドイツに範をとっていた。高木からすると、東大医学部が寄って立っていたドイツの医学は研究中心、一方でイギリスの医学は患者中心であった。高木は医学は患者のためのもの、という理念をより具体的にするために、明治六年（一八七三）より十三年（一八八〇）まで慶應義塾医学所の校長として英米医学の普及に努めた、福沢諭吉の高弟、松山棟庵（一八三九―一九一九）とともに成医会を結成し、活動を開始した。ここでの高木らの取り組みは後の東京慈恵会医科大学の基礎を形成することになる。そして高木は明治十五年の「衛生事務拡張論」の提出にもみえるように、内務省の進める「健康保護」事業の協力者であった。

成医会の活動をともに進めることとなった松山は、他方では松本良順とともに医学会の前身、「医学会社」の結成にもかかわる。この「医学会社」結成の活動には、松山と同じく大日本私立衛生会の幹事として名を連ねる、田代基徳（一八三九―一八九八）も加わっていた。

田代は適塾の出身で、専斎とは同窓である。適塾の主催者緒方洪庵が、幕府の西洋医学所頭取として江戸に出ると、田代もこれに同行する。そして明治以降は、自らも塾を経営し、医師の養成に取り組みはじめ、他方では東京大学医学部の前身である大学東校でも教壇に立った。医学知識の普及のため、明治十一年には「医事新聞」の発行にも参画していた。

大日本私立衛生会の活動に加えて、石黒や田代が陸軍の軍医として活躍するのに対して、高木は海軍軍医として名声を博していった。そして三宅が東京大学の教授として医学教育の分野で影響力をもったことはすでにみたとおりである。

長谷川泰（一八四二―一九一二）も、専斎をはじめとして、三宅や石黒らとともに、医事制度に関して明治の初期より互いに議論しあう間柄であり、石黒の指摘するところでは、「医制の根本の連中」の一人であった。

永井久一郎（一八五二―一九一三）、白根専一（一八四九―一八九八）、太田実（一八五八―一九一八）は、内務官僚であり、事務官であった。いわゆる法制官僚である。永井は東京大学法学部の前身である大学南校、そして慶應義塾に学び、米国留学を経て、明治十二年以降、内務省衛生局で専斎を支えていた。白根も慶應義塾に学び、明治六年の内務省発足以来、同省にて活躍の場を見出していった。また太田は明治初期より水産業の拡張の必要性を訴え活動するかたわら、明治十年代に入ると、忠愛社を設立し、言論活動にかかわるようになった。この活動を進める中で「東京日日新聞」の記者として活躍し、立憲帝政党の結成を進めた福地源一郎（一八四一―一九〇六）とも知遇を得る。太田は政党活動に参画したが、明治十六年一月には内務省衛生局官吏となり、「健康保護」事業にかかわるようになる。太田は同年に同省官吏となった後藤新平とは同期であった。

大日本私立衛生会の幹部たちは、適塾や蘭学、西洋医学あるいは内務省などを通じて、どこかで専斎とかかわりをもっていた。また松山や永井、白根にみえるように、慶應義塾に関係のある者が目立つのも特徴であろう。

佐野常民は挨拶で住民の健康には「衛生ノ法」が必要であるとした

大日本私立衛生会第一回大会では、午後一時半より副会頭長与専斎が会頭代理を務めて議事が進められ、当日、欠席した会頭佐野常民の発会祝詞が、石黒忠悳により朗読された。

『大日本私立衛生会雑誌』に掲載されたこの祝詞によると、佐野は日頃より、住民の健康は、近代日本の「貧富富強」と関係することであることから注目すべきであり、その健康を実現するためには「衛生ノ法」が必要であると考えていたようである。佐野は、衛生問題への対応と国家の「貧富富強」との関係性は明治政府にして認めるところとなり、明治八年（一八七五）以降、内務省に衛生局をはじめとして、中央衛生会や地方衛生会、町村衛生委員の設置が進められたことを取り上げ、この取り組みを「美挙」として称賛する。ただし住民の健康は、政府が組織を備え、伝染病予防をおこなうだけで達成されるものではなく、住民各自の常日頃の健康に向けた眼差し・注意が必要であることを理解していた。そこで専斎たちが進めていた大日本私立衛生会設立の話を聞くや、これを「衛生ノ法」を民間に普及させるための取り組みと理解し、その運動に賛同したのである。佐野は内務省衛生局を中核とした行政機関と住民との連携を促進するための役割を大日本私立衛生会に期待したといえよう。

「各自衛生」と「公衆衛生法」

殖産興業による都市化で人口増加して健康被害も増える

佐野の祝詞が朗読された後、今度は副会頭の立場から専斎が大日本私立衛生会設立

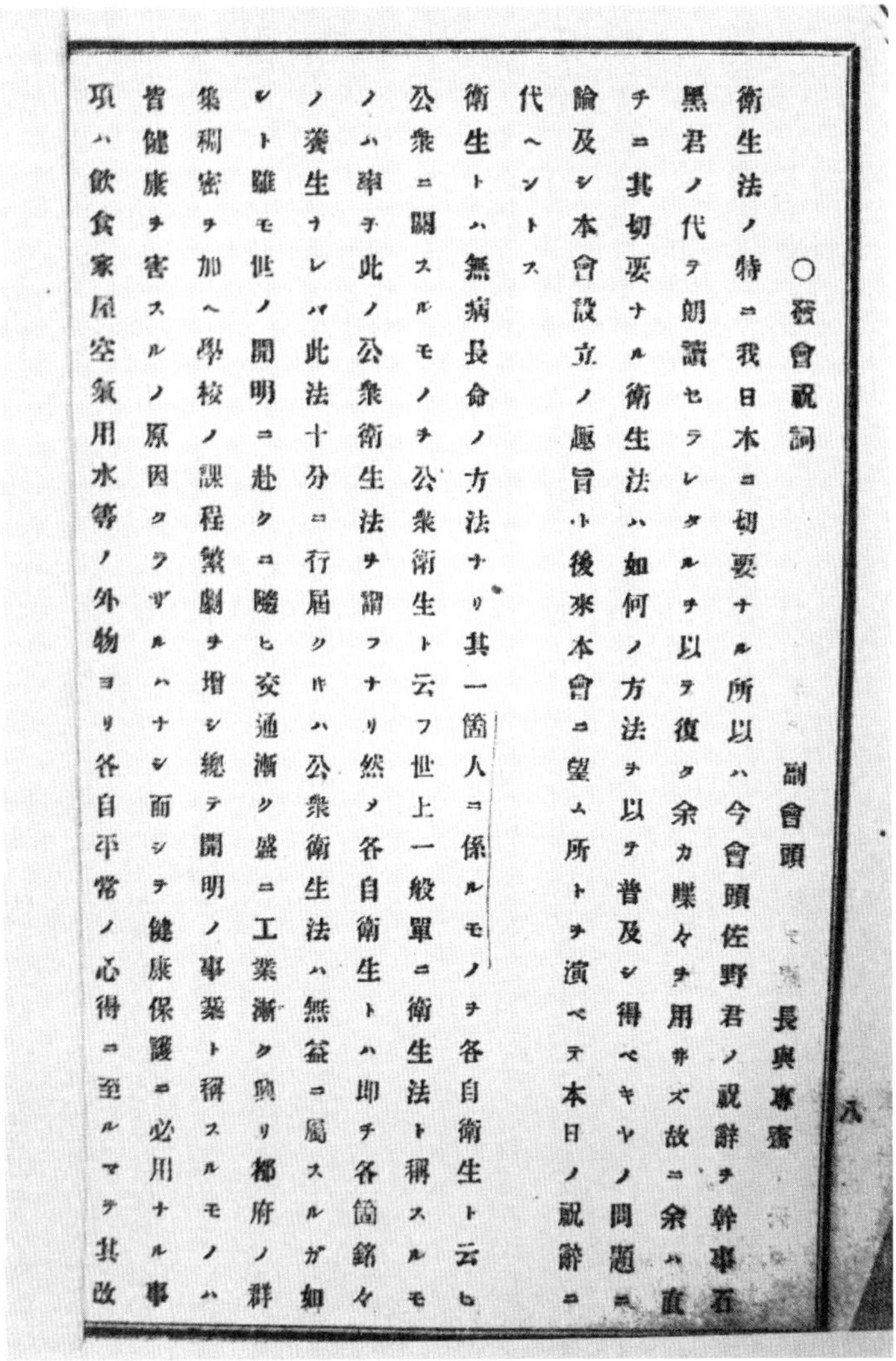

○發會祝詞　副會頭　長與專齋

衛生法ノ特ニ我日本ニ切要ナル所以ハ今會頭佐野君ノ祝辭ヲ幹事石黒君ノ代テ朗讀セラレタルヲ以テ復タ余カ喋々ヲ用ヰズ故ニ余ハ直チニ其切要ナル衛生法ハ如何ノ方法ヲ以テ普及シ得ベキヤノ問題ニ論及シ本會設立ノ趣旨ト後來本會ニ望ム所トヲ演ベテ本日ノ祝辭ニ代ヘントス

衛生トハ無病長命ノ方法ナリ其一箇人ニ係ルモノヲ各自衛生ト云ヒ公衆ニ關スルモノヲ公衆衛生ト云フ世上一般單ニ衛生法ト稱スルモノハ率ネ此ノ公衆衛生法ヲ謂フナリ然メ各自衛生トハ即チ各箇銘々ノ養生ナレバ此法十分ニ行屆クトキハ公衆衛生法ハ無益ニ屬スルガ如シト雖モ世ノ開明ニ赴クニ隨ヒ交通漸ク盛ニ工業漸ク興リ都府ノ群集稠密ヲ加ヘ學校ノ課程繁劇ヲ増シ總テ開明ノ事業ト稱スルモノハ皆健康ヲ害スルノ原因タラザルハナシ而シテ健康保護ニ必用ナル事項ハ飲食家屋空氣用水等ノ外物ヨリ各自平常ノ心得ニ至ルマテ其改

長与専斎「発会祝詞」(『大日本私立衛生会雑誌』(一))

の意義について演説した。専斎は佐野の見解と同様、住民の健康を実現するためには「公衆衛生法」が必要であるとする。その理由は以下のとおりであった。

まず住民各自の健康には自ら留意する「各自衛生」が重要であることは勿論のことである。ここでいう「各自衛生」とは、前近代より唱えられてきた「養生」との関係が深い。江戸時代、飲食、入浴、病気の時の心得などを説いた貝原益軒の『養生訓』にみえるように、人々は自身の健康を自身で管理することを旨としていた。専斎はこうした住民の健康観を、「各自衛生」の重要性を説くことで認めていた。そのため専斎は、「各自衛生」が十分に行き届くときは「公衆衛生法」は必要なくなるとする。しかし殖産興業政策が進められるに従い、交通機関が整備され、人の往来が増加する。そして工業化に伴い人々は工場に集まり、その周辺に居住するようになると、工場周辺の人口密度は上昇し、都市化現象が発生する。

こうした従来の生活を変化させるような社会的な変動が起こると、住民はそうした社会的な関係により健康を害する機会を多くもつようになる。とくに伝染病は人々の往来と人口の稠密度合いにより被害の範囲は広がり、犠牲者も増える。外国との交流が盛んになれば、コレラがそうであったように、持ちこまれる伝染病が増える。また工場の周辺の水は工場排水により汚染されていく。汚染された水を服用すれば健康被害につながる。こうした都市化や外交、工場排水の問題などはもはや個人の対応を超越した領域である。個人に代わり、政府が健康被害の原因を取りのぞくよう対応する局面が明らかとなってくるのである。これが「公衆衛生法」が必要とされる所以であった。そこで専斎は、「公衆衛生法」が目的を達成するため、政府の取り組みや健康被害の原因を住民が理解することを求めたのである。

「公衆衛生法」は、専斎にして「政府ノ法律」として適用されると理解された。この法律を住民の健康問題の発生に合わせて施行することで、問題の解消が図られるとする理解である。しかし法律は万能ではない。住民は、法律によって自由が制限されることが分かると、それに抵触することを避けようとするが、こと健康問題に関しては、単に法律に違反しないようにするだけでは解決は難しい。何よりも住民自身が無病長命を望まなければ効果は期待できないのである。

法律をつくっても住民の「自愛心」なしには効果低い

専斎はこの住民の健康を増進しようとする心情を「自愛心」として表現する。「自愛心」をもって健康増進に臨む住民は、健康問題に関心が薄い人々に対して、「社会ノ先達」として「演説ニ談話ニ雑誌ニ報告ニ漸ク其思想ヲ伝」え、「自暴自棄ノ人ヲ教化」することに貢献すると期待される。そして専斎も自らが衛生の先達者になることを、明治四年の欧米調査以来心に誓っていた。帰国後は内務省衛生局長として部下たちを率いたが、それだけでなく、このたび大日本私立衛生会の活動を通じて、各地のリーダーを養成し、衛生情報の普及に務めようとしたのである。専斎は住民の健康問題に対する政府や官僚の役割の限界を認め、住民との協働を明治十年代という比較的早い段階より理解し、実践に取り組んだのであった。

専斎は住民の「健康保護」を実現するために、イギリスでは、「自愛ノ思想上下ニ普ネク法律ノ行否ハ直チニ自家ノ利害ニ的切ナルコトヲ会得」しているという事情を参照しながら、「公衆ニ衛生ノ思想ヲ浹洽」することが重要であると考えたのである。その結果設立されたのが大日本私立衛生会であった。同会は東京に設立されたが、これにとどまらず、「支会」を各地に設け、「各地ノ衛生上ノ利害ヲ担任」させ、互いに「諮詢研究」し、健康情報を整理し、実践につながるよう計画していた。

専斎はその自伝において次のように語っている。

（コレラ予防については―筆者注）政府はすこぶる力を尽くして厳重にかつ周密に執り行われけれども、人民はとかくこれを忌み嫌いて隠蔽を事とし、官民の情合次第に背馳して睽離の念を生じ、啻に予防のことのみならず、衛生といえることはすべて人民の厭うところとなりて、その発達普及を妨ぐるの虞あり、所詮平押しに表面より攻め付けたりとて無功の骨折りに過ぎず、この際さらに人民の側に立ちてその裏面に立ち入りて懇ろに理義を説き諭して迷夢を警醒すべき機関を組織し、以て官民の融和を図ることこそ必要なれ

（『松香私志』より）

「公衆衛生法」を用意し、周到に住民の「健康保護」を企図しようにも、住民の協力が得られなければ「発達普及」が阻害されてしまうことを専斎は知っていた。専斎は大日本私立衛生会を設立し、住民との連携を進めることで「官民の融和」を図ることを目指したのである。「官民の情合次第に背馳して睽離の念を生じ」るようなことがなくなれば、「政府ノ法律モ普ネク人心ニ浸潤」して、「保護ノ美果」を結び、「百

般開明ノ事業」も進み、「国家無窮ノ福祉」を達成することができ、その結果、「文明ノ人民」として恥をかくこともなくなるとの考えに基づくものであった。

第六章

「官」と「民」の協調論の提唱

「十九年の頓挫」

明治十九年、コレラが猛威をふるう

明治十二年（一八七九）の流行を引きおこしたコレラはその後も間歇的に被害を出し続けた。明治十五年には三万人以上の人命が失われていたし、その二年後には約一万人がコレラによりこの世を去った。こうした被害に対して内務省はしばらくの間、伝染病予防規則と明治十三年の「心得書」に基づき対応にあたったが、明治十八年のコレラの流行を経験すると今後のコレラ被害の発生に備えて、検疫、隔離、消毒を徹底することの必要性が求められるようになる。その一方、地方行政との連携を進めるべく期待されてきた町村衛生委員制度や府県連合衛生会制度については順次廃止する決定が下された。前者の廃止が明治十八年（一八八五）八月、後者は翌年の二月であった。町村衛生委員を活用することなく、検疫、隔離、消毒を徹底することが政府の伝染病予防の方針であるとの印象が強まった瞬間である。このように伝染病予防に向けた対応が変化する中、コレラは明治十九年も流行の兆しを見せはじめていた。

明治十九年（一八八六）二月、徳島県でのコレラ発生の報にふれた内務省衛生局は、後藤新平を現地に派遣し対応にあたった。同県では、後藤の指示の下に、検疫委員が選出された。『衛生局年報』は徳島県がこの年のコレラへの対応として、検疫委員六十一名に加えて、巡査五十八名を動員し、検疫に従事させたと報告した。コレラ流行の際、検疫委員を活用するやり方はそれまでの対策を踏襲するものである。

同地でのコレラの流行は幸いにも二週間ほどで鎮静化することに成功する。ところがその流行の終息からおよそ二ヵ月後の明治十九年四月になると今度は大阪でコレラの流行が確認された。そして甚大な被害を出し続けるコレラへの対応として、先の検疫、隔離、消毒の徹底を図るべく、新たな「心得書」の制定の決定がなされるのであった。明治十九年五月二十四日の「虎列刺病予防消毒心得書」がそれである。これを明治十九年の「心得書」という。

この「心得書」は、コレラ患者発生に際して初動対応をより迅速になすために出されたものである。そのため「初発乃チ僅々二三ノ患者ニ過キサルノ時」に「活発ノ手段」をもって「迅速之カ撲滅ニ着手」し、「消毒法ノ綿密周到セルモノハ常ニ良結果ヲ呈シ流行猖獗」を免れることができるとの考えがこの「心得書」の基層を構成していた。このとき、「迅速」にコレラを「撲滅」するために期待されたのが警察である。コレラ患者が発生すると「消毒撲滅法ヲ実施スルハ府県庁アルノ市街ニ於テハ巡査等主トシテ担当スルモノ」とされたのである。

警察が、明治ゼロ年代より「健康保護」事業に関与していたことはすでにふれた。明治六年に内務省が設置され、同省の所管事務に警察が加えられると、その翌年には、京都府、大阪府、神奈川県、兵庫県、長崎県、新潟県に対して、迷子や捨て子、落とし物等の事務だけでなく、流行病の動向についても毎月取りまとめ、報告することが求められるようになる。さらに明治八年、行政警察規則が出されると警察の所管事項に、住民の「健康ヲ看護スル事」が入れられた。行政警察とは、「人民ノ凶害ヲ予防シ安寧ヲ保全」することであった。住民の生活を脅かすような事態が発生した後の対応だけでなく、そうしたリスクを未然に防ごうとするのが行政警察の重要な任務であったのである。警察はこのように流行病や住民の健康に関する事務を取り扱うこととされていたことから、明治十年にコレラが流行し多くの犠牲者が出ていることが判明すると、さらなる被害を予防するために尽力することが求められたのである。そしてこれ以降も、例えば中央衛生会委員に警官が加えられるなど、警察の「健康保護」

事業へのかかわりは続く。警察と衛生は明治の初期より深い関係にあったといえよう。「健康保護」事業と警察との連携が重要であるとしていた専斎が積極的にかかわるまでもなく、明治ゼロ年代から十年代にかけて両者の連携は、進められる環境ができつつあった。

専斎は「警察一手持」の衛生行政を批判

明治十九年の「心得書」では、巡査等により発病者が確認されると、一方では予防消毒法が実施され、他方では伝染性の有無の確認がなされることとなっていた。伝染性もしくはその疑いが確認されると、患者を直ちに隔離し、消毒をおこない、「一家限リニ之ヲ撲滅」することが求められた。ただし隔離の判断や消毒については医師が指導することが期待されていたことから、医師はコレラ患者が出ると近隣を巡視し、飲食等の注意事項、摂生の仕方を諭示することとされた。しかしこの「心得書」ではコレラを「一局部限リ」に遮断するため、それまでにも活用されていた検疫委員について新たに「検疫委員」という項目が設定されていた。このことからコレラ対策における同委員の果たす役割が強調されたのである。祭礼等により人々が集う場所、飲食をする場所、学校や人足部屋などは伝染病の被害が大きくなることから特段の注意が払われ、貧民の動向にも関心が注がれた。

この「心得書」では、巡査等の吏員、検疫委員、医師等が患者の有無を確認し、患者は避病院に隔離され、近隣町村との患者およびその家族の往来が制限された。ともかくも一人、一家、一村などできるだけ局所限りにおいて伝染病の「撲滅」が目指された。『衛生局年報』によれば、この「心得書」は、①撲滅法、②検疫委員、③避病院、④遮断法、⑤消毒薬の種類並びに用法より構成されていた。新たな「心得書」が出されたことで、これ以降、「清潔、摂生、隔離、消毒ノ四項」より編成された明治十三年の「心得書」と警察の判断の下、「隔離」や「遮断」を重視する明治十九年の「心得書」を「参互」して「機変ニ応シテ措置」することとなったのである。従来等閑に付されてきたことではあるが、明治十九年の「心得書」が出されたことで明治十三年のそれがただちに否定されたわけではなかった。あくまでも「参互」することを旨としたのである。しかし警察による「隔離」や「遮断」の強調は、それまでの「健康保護」事業の変更を人々に印象づけた。

明治十九年の「心得書」は、『明治廿三年虎列刺病流行記事』では、「総テ警察官吏之（伝染病予防事務―筆者注）ヲ施行シ即チ伝染病予防消毒ノ事ハ全然官務ニ属シタリ」と評価される。専斎はこの明治十九年の「心得書」に対して同様の見解をもっていた。そのため専斎からすれば、明治十九年の「健康保護」への取り組みは、「すべて巡査の職権を以て施行」することとされ、「予防消毒の事は一切巡査の持切り」となってしまった。専斎はこうした事態を、「警察一手持の衛生行政は女性なき男世帯の如く甚た気楽なるに似たれとも、円滑なる和気を失ひ周到の注意を欠き所詮家運長久の策にはあらじかし」とした。「一切巡査の持切り」となる、「警察一手持」の「健康保護」事業を専斎は批判したのである。

そしてこの傾向に拍車をかけたのが明治十九年の地方官制の制定であった。明治十八年、太政官制が廃止され、内閣制が導入される。この新たな体制に対応するべく、その翌年、地方官制が公布されたのである（明治十九年七月十二日）。この官制が制定されたことで、各府県に知事が置かれた。知事は、「内務大臣ノ指揮監督ニ属し、「各省ノ主務」については、「各省大臣ノ指揮監督ヲ承」けて、「法律命令ヲ執行」し、「行政及警察ノ事務」を「総理」することとなった。そして知事は府県吏員を「統督」した。

府県が所管する事務については、第一部および第二部により分掌された。この官制では衛生事務は、第二部の所管となる。また府県には警部長が一人置かれ、府県内各郡区には警察署が一ヵ所、警察署の管下には警察分署が配置された。この警察の文脈では、同官制第三十一条第五項により衛生事務、すなわち「伝染病予防消毒検疫種痘飲食物飲料水医療薬品家畜屠畜場墓地火葬場其他衛生ニ関スル事項」は警察署等の所管となる。これまで地方の「健康保護」事業への警察のかかわりは、地方衛生会委員や伝染病患者の隔離等において認められていたが、この官制の制定により、地方警察事務の一つに衛生事務があることが改めて確認されたのである。衛生事務はこの地方官制では、第二部と警察とによって所管されることとなった。

明治十八年以降、町村衛生委員や府県連合衛生会が廃止されたことで、住民と直に接する衛生機関を整える機運は薄れ、内務省と府県、そして府県同士の衛生情報を交換する機会は減らされた。その一方、明治十九年の「心得書」や地方官制が出されたことで警察が衛生事務へ対応しやすい状況が作り出されたのである。

専斎は「健康保護」事業の効果を上げるためには、地方行政と警察行政との連携が重要と考えていた。しかし町村衛生委員や府県連合衛生会の廃止を通じて地方行政との連携が崩れ、その一方、衛生事務への警察の介入が強化されたような現象が生じたのである。この現象を前にして専斎は、「十九年の頓挫」と自らの感情を吐露する。この一連の制度の変更は、専斎には、地方行政との連携の軽視と警察行政との連携の重視に映ったのである。

地方衛生の事務は警察吏の一手に帰し了れり。されば中央の衛生局は直ちにその指導の下に働くべき手足もなくして空中に倒懸せるものの如く、悪疫流行の時に臨みてはただ焦躁するのみにして如何ともすること能はず、また流行地の実況を見るに、もっぱら形式にこだわりて民情の斟酌行届かず、事理に疎き人民はただ慌て恐るるばかりにて官の焦慮をありがたしと感ずるものはなく、ついにその筋の差図を忌み嫌いて包み隠すの弊を生じたりと云う。

（『松香私志』より）

専斎からすると住民は、巡査や検疫委員等によって示された「官の焦慮」を敬遠し、「官」によって示された指図を「忌み嫌い」、隠蔽の挙に出た。専斎は、住民との協働が進まなくなった事態をみてとり、これを批判的に評価したのである。

明治二十三年の「心得書」

伝染病発生の家に「病名票」を貼る案に専斎は反対

専斎は、「官」の「指図」を嫌う住民の態度を憂慮した。専斎は、住民が「官」と連携することで伝染病予防等、「健康保護」事業の効果が上がるとしていたからである。明治十六年に設立した大日本私立衛生会の活動は、「公衆衛生法」に対する住民の理解を深めるべく進められた。しかしそれにとどまらず専斎は、住民の協力を得るためには、住民への「人情」を「官」の側が示すことが重要であるとも考えていたのである。専斎のこの考えは、明治十九年二月以降、コレラ被害が拡大していく中で取り上げられた患者宅に貼付する「病名票」問題に対する見解としてより詳しく示された。

明治十九年（一八八六）八月二十六日に開かれた中央衛生会の席上、警察枠で委員となっていた三島通庸（一八三五―一八八八）の代理として出席した綿貫吉直（一八三一―一八八九）は、伝染病者ある家に、「病名票ヲ貼付スヘキ旨」を建議する。この「病名票」というのは、伝染病予防規則が制定された明治十三年（一八八〇）当時は、明文の規定をもってなされていたが、明治十五年以降、「人情ヲ酌量シテ当分之ヲ停止スヘキニ決」せられていた。中央衛生会では、住民は「病名票」の貼付を嫌がり、患者の隠蔽等をおこなうようになったと判断したのである。しかし今回、この明治十九年のコレラの流行は、勢いがすさまじかった。流行終息後の統計によれば、この年のコレラによる死亡者は、約十万八千人を数えた。結果的に明治期を通じてもっとも多くの犠牲者を出した年となった。そこで綿貫は、患者の数が多くなければ、巡査を病家に配置して人の出入りを制限することは可能であるが、今回のコレラのように多数の患者がすでに発生している中では、すべての家に巡査を向かわせ、人の往来を制限することはもはや困難となるとした。そこで綿貫は二次感染を防ぐためには、患者宅に「病名票」を貼付することで、他家に対して注意喚起するほかないとし、明治十五年に停止された伝染病予防規則第八条を「旧ニ復」することを求めたのである。

この日の中央衛生会の議論では、東京府における病名票の貼付に関しては了承された。その一方、伝染病予防規則第八条を「旧ニ復」することに関しては、専斎は反対した。すなわち東京府のような人口稠密地と異なる他の府県にあって、「病名票」の貼付は直ちに必要とされるわけではないとの見解である。しかし同会の決議により、専斎の意見は排され、同規則第八条は「旧ニ復」することが決まった。専斎は伝染病予防と警察との連携は必要であると考えていたが、伝染病予防規則第八条問題にみえるように、「一律」に進めようとする伝染病予防には反対をしていたのである。この専斎の住民の側の事情を強調する見解はただちに警察の好むところではなかったようである。しかしその一方、府県ではやはり住民の役割が重要であるとして、伝染病対策への協力が求められるようになっていった。

明治十九年の「心得書」が出されたことで、コレラ対策の現場では巡査や警部の介入が大幅に許容された。しかしその翌年に至ると府県では、巡査等が予防の責任を負うだけでは不十分であると考えられるようになり、それまでの警察の活動に加えて、住民の「自覚」がやはり重要であると判断されるようになる。実際に千葉県等の訓令を確認するならば、明治十九年の「心得書」は早くも修正され、伝染病予防に向けた住民の役割が取り上げられた。「撲滅法」に先立って「予防準備」の章が加えられたのである。本書でも（表2）ですでにみたように、これを修正明治十九年の「心得書」という。

伝染病予防には医師、病家、衛生組合、衛生吏員、警察官の連携が重要

この修正された「心得書」は、明治十三年の「心得書」が「清潔法」や「摂生法」を重視したのと同様、「虎列刺病未発ノ時ニ於テハ摂生清潔ヲ力メテ常ニ之カ予防ヲ為」すことを基本とする。コレラ流行の兆しが現れたときにも、「主務吏員」を派遣するのは勿論のことであるが、「一層摂生清潔ヲ謀リ苟モ該病誘発ノ虞アルモノヲ除去シ以テ虎列刺病ノ侵襲ヲ防クコト殊ニ」必要だと改められた。この修正明治十九年の「心得書」では、「人民各自」が「摂生清潔」を励行することが重要であり、コレラが流行した時には「各家互ニ注意」し、「自衛ノ念ヲ喚起セシメ又互ニ注意シテ隠匿ノ弊ヲ」除くことが肝要とした。もちろん有病者と非有病者との接触については注意が喚起される。

この「人民各自」の摂生や清潔の励行は区戸長が担う事務とされた。区戸長の指示を受け、「衛生世話掛」が各担当地区の家々をまわり、患者を発生させない、もしくは患者発生の際には新たな患者を出さないような取り組みが予定されたのである。明治十九年の「心得書」が修正されたことの意味は、「健康保護」事業あるいは伝染病予防には巡査や警部、衛生課吏員、そして区戸長等にみられる対応に加えて、住民の能

動的活動の重要さが理解されていったということであろう。

この修正明治十九年の「心得書」の路線は、明治二十三年（一八九〇）に至ると新たな「心得書」が出されたことでより一層強化されることとなる。この新たに出だされたものが明治二十三年の「心得書」である。

明治二十三年の「心得書」は、「伝染病ノ流行ハ一人一家ヨリ町村郡市ニ及ヒ遂ニ延テ府県全国ノ災害トナル」として「一人一家」の病毒撲滅の重要性を指摘する。ここでは伝染病が市町村において発生した際にはまずは医師による対策に重きが置かれた。

若シ其市町村ニ伝染病者発生スルコトアレハ所在ノ医師ハ成規ノ通報ヲ為シ予防上ノ要件ヲ病家ニ示諭シ病家ハ医師及ヒ当該吏員ノ示諭スル諸件ヲ守リ当該吏員ハ十分ノ注意ヲ以テ予防消毒ノ処置ニ疎虞遺漏ナカランコトヲ務ムヘシ

（「公文類聚」より）

伝染病対策、ひいては住民の「健康保護」事業と医師の関係は専斎の中では重要であった。すでにふれたとおり、専斎は岩倉遣外使節団に随行した際に政府による「健康保護」事業の重要性に着眼した。その際、「その（「健康保護」事業—筆者注）本源は医学に資れるものなれば、医家出身の人ならでは任ずべき様なし」としていた。自ら医師であった専斎は、以後、「畢生の事業としておのれ自らこれに任ずべし」と決意し、帰国後、長きにわたり衛生局の責任者としてその任を果たした。専斎は「健康保護」事業を担当あるいは指導するに際して、医師であるということ、に関して特別な思いを抱いていたといえよう。こうした姿勢は地方の伝染病対策を評価する際にも生かされており、「（明治二十三年の「心得書」では—筆者注）病原の尋問は即医師業務上のことゆえ医師に任せて巡査は別に尋問せさることと見ゆ」との指摘につながり、また日常の予防消毒においても「皆医師の指図に拠りて人々用心することとなり」といって注目した。

加えてこの「心得書」では、衛生組合の活用も予定される。伝染病の動向や予防方法、消毒の方法など、住民同士が互いに注意し、自分たちの健康を増進する取り組みを奨励しようとの試みである。

『衛生局年報』はこの明治二十三年の「心得書」を次のように評価する。

十月十一日伝染病予防心得書ヲ改正頒布ス抑々伝染病予防ハ町村自治団体ノ負担スヘキモノナルヲ以テ茲ニ旧来ノ方針ヲ改メ医師ノ義務並ニ町村衛生組合ノ責任ヲ重クシ以テ自治予防ノ便ヲ謀リタルモノ

（『衛生局年報』より）

明治二十一年（一八八八）、市制・町村制が制定されたことで、市や町村の位置づけがそれまで以上に明確になった。これをうけ、伝染病予防等の事務は市や町村の事務であるとの判断がなされ、衛生組合の活用も強調されたのである。しかしその一方で、それまで伝染病予防の現場に要請されていた警察の介入をこの「心得書」で排除したわけではない。警察官は伝染病患者を診断した医師より連絡を受ければ、患者宅に赴き、病室や被服、便所等の消毒を行わせるための権限を有していた。また伝染病の疑いがある者に対しても、医師の診断を仰ぎ、伝染病であることが確認されれば、やはり消毒の処置をなすことが求められていた。

ただし患者宅等に消毒をおこなわせる権限を有していたのは警察官だけではなかっ

た。患者の行動を制限する権限は、市町村の衛生吏員も有するところであった。この「心得書」では、医師の判断を仰ぎながら市町村の衛生吏員や警察官による住民生活への介入を認めることで、住民の「健康保護」を進めようとしていたのである。

明治十九年の「心得書」では、先にも指摘したとおり巡査、あるいは警察の介入が大幅に認められた。これに対して明治二十三年の「心得書」では、医師及び衛生組合の活用や、病家、衛生吏員の果たす役割を取り上げたことで、警察の役割が相対化されることとなったといえよう。

今回の改正において専斎の立場からは、従来警察の手に一任された事柄が見直されたことは明らかであった。明治二十三年の「心得書」について専斎は次のように指摘する。

畢竟予防上に就き其受持を定め最初に虎列刺患者たることを認め警報を家人に伝へ予防消毒の方法を示指するは医師の任なり……(中略)……従来警察の手に一任したる内外細大の事柄を医師病家衛生組合(或は隣保)衛生主務吏員警察官等と夫々分担したるものに付今般の改正は今日の政体に応じ人情に適し畢竟斯くな

らざるべからざるもの

（『大日本私立衛生会雑誌』（八十六）より）

専斎は、「警察の手に一任」された「健康保護」事業ではなく、この事業の推進にあたり、医師、病家、衛生組合（或は隣保）、衛生主務吏員、警察官等がそれぞれの役割を担うことができるような、「分担」された仕組みに注目したのである。

専斎は「健康保護」事業の成否は「自治」にあるとする。しかしその一方で「自治精神の未た発達を遂けざる今日」においては「非常の大事を人民に放任し警察官吏員等は遙かに監督の地に立ち傍観するが如きことあらは所謂理論倒れとなり虎列剌の病毒は其隙に乗し自由自在に其猖獗を逞ふするは火を睹るよりも明らかなり」との見解をもちあわせていた。専斎はこの新たな「心得書」を得たのちにあっても、警察官が住民の「健康保護」に介入することの必要性を認めていたのである。そのため専斎は今回の改正に際して「予防消毒のことは之を自治に一任して警察官は与かり知らざるの旨意にはあらざる」と強調した。

専斎は、自身がかかわってきたコレラ対策をふりかえり、「明治十年以来虎列剌予防消毒の事たる一切政府の持切となり医師戸長郡吏衛生官吏警察官吏等時に従て其任する所軽重ありと雖或は予防医員と云ひ或は検疫官と唱へ総て官府にて之を組立て予防の事に従はしめ」と指摘しながら、これまでの伝染病予防等、明治政府の進める「健康保護」事業は「官府」によってなされてきた経緯があるとする。しかし「官府」による対策では「人民に於ては予防の事は一切御用仕事」として認識されてしまい、その協力が得られにくくなる。そこで今回の改正では「人民」の役割が取り上げられることとなった。専斎はこの点に注目し、「健康保護」や伝染病予防には、住民各自が、「自治人民の本分」をもって「覚悟」することを必要とした。専斎は、明治十六年に大日本私立衛生会を組織し、「官」と「民」の相互交流の場を設け、講演会等を実施してきたのであるが、ここに至っても自らの「理論倒れ」を防ぐために、「官府」と「自治人民」の役割に注目し、目指すべき「健康保護」事業の仕組みを方向づけている。

官民共に其改正の趣旨（明治二十三年の心得書の趣旨—筆者注）を会得し漸次に官府の為すべき事項と人民の為すべき事項との分界を定め尚ほ其上にも警察官吏の監督を受け一致協力して恰も同舟相済ふか如く情誼相投じて軋轢隠蔽等の不祥を見

ることなく始めて真正の予防法を施行することを得べし

（『大日本私立衛生会雑誌』（八十六）より）

専斎は「官」と「民」の視点から、それぞれの「分界」を意識し、警察による監督も加味しながら、「一致協力」することが必要であるとした。専斎は、「健康保護」事業には、いかに「官」と「民」の協調を進めることができるかが重要であるとしていたのである。

「衛生工事」

「官」と「民」の協調が具体化される

明治十年、十二年のコレラの流行を経験したことで、伝染病予防規則が制定され、伝染病予防のための「心得書」が出された。特に明治十二年（一八七九）のコレラの流行が終息してのちに出された「心得書」では、「清潔法」、「摂生法」、「隔離法」、「消毒法」の四項が予定され、以後の対策の指針となった。伝染病の発生や流行を食い止めるため、伝染病予防のための心得が説かれたのである。しかし専斎はこうした対策に満足していたわけではなかった。なぜならば、専斎がコレラ対策に奔走していた当時、コレラの被害が広がる原因にコレラ菌に汚染された井戸や厠の水をめぐる問題があったからである。住民は汚染された井戸水等を介してコレラに感染し、患者となっていった。そこでこの問題への対応という観点から見て無視できなかったのが、「土地の清潔」や「上下水の引用排除」を実現するということであった。コレラ菌に汚染された水から土地を守り、清潔な飲み水を確保し、下水を排除することが求められたのである。そしてこの水の管理の問題は「衛生工事」の課題として取り上げられていった。

岩倉遣外使節団に随行した専斎は西欧諸国の地において国民の健康に関心を示し、医学等学術を「政務的に運用」することでその目的を達成しようとした。具体的な施策としては、自ら指摘するように、「流行病、伝染病の予防」、「貧民の救済」、「土地の清潔」、「上下水の引用排除」、「市街家屋の建築方式」、「薬品、染料、飲食物の用捨取締」等にわたっていた。この指摘より明らかなように、西欧の地でゲズンドハイツプフレーゲ等の仕組みに関心を示した当初より、専斎は「上下水の引用排除」は住民の健康のために国が取り組むべき施策として理解していたのである。専斎はそのため上水道と下水道の整備をする必要を認め、「衛生工事」の進展を期した。

この構想はまず、明治十六年以降着手され、日本人の手による最初の暗渠として知られる神田下水の敷設につながる。明治時代の神田地区は東京府下にあって不潔な地域として知られていた。そこで専斎は、「年々歳々の流行に姑息の予防法を繰返し、衛生の路に当たれる者はいたずらに焦頭爛額の労に服して奔命に疲る、のみ」との状況であったため、吉川顕正《よしかわあきまさ》東京府知事（一八四二―一九二〇、東京府知事：一八八二―一八八五）と連携し、「最も不潔にしてコレラ流行の最も甚だしかりし神田の一小部分を画し正式の下水工事を興した」のである。専斎はコレラ等伝染病が流行した際に用いる消毒や隔離策を「姑息の予防法」と位置づける。そこでより根本的な施策として「衛生工事」を位置づけ、これを進展させることで住民の「健康保護」を目指したのであった。

吉川顕正（国立国会図書館所蔵）

神田下水（東京都下水道局 HP より）

この神田下水は永井久一郎（一八五二―一九一三）によれば、「英国ノ制」に倣った「立派ナル」ものであったが、下水本管と各家は接続されずに終わった。専斎は不完全に終わった神田下水のことについて次のように不満を残している。

大都の中央に掌大の地を局し若干丁の暗渠を設けたればとて、固より何程の功も著わるべきにあらねど、せめては目の前に標本的の実物を示し、いかにもして世人の注意を点醒せんとの微意なりけれども、それさえ本管を通したるのみにて家々の下水とは連絡するに至らずして止みぬ。……（中略）……この挙は世に下水の功能を紹介するの目的をも達しあたわず、ほとんど一場の児戯に過ぎざりけり

（『松香私志』より）

そのため大日本私立衛生会の席上なされた、先の永井の西欧諸国における「衛生工事」事情についての講演が出版される運びとなると、専斎は序文を提供し、「衛生工事」の必要性をあらためて力説するのであった。

衛生工事ハ百般衛生事業ノ本体基本トモ称スヘキモノニシテ之レカ為メ疾病ヲ除キ人寿ヲ長フシ且伝染病殊ニ虎列刺病予防ノ最上良法タルハ学理実験ノ共ニ一致スル所ニシテ欧州都府ニ於テハ相競フテ之レカ起工ヲ力トメ……（中略）……（コレラ――筆者注）流行ニ徴シ検疫消毒ノ方法ハ既発後ノ姑息ニシテ病毒ヲ剿絶スルノ力ニ乏シキヲ感シ予防ノ術策今日ニ窮マリ他ニ依頼スヘキノ道ナキニ於テオヤ

流行ノ都度費消スヘキノ金額ヲ移シテ平素ノ衛生工事ヲ経営スルハ既ニ今日焦眉ノ急ニ迫リ復タ因循スルノ秋ニ非サルナリ

（『巡欧記実衛生二大工事』より）

専斎は、「衛生工事」は「百般衛生事業ノ本体基本」であり、コレラの予防にあたっては、「学理実験」に基づけば「最上良法」であるとしていたのである。加えてこの指摘からは、医学等の学術の知見を水の管理にも活用することを専斎が予定していたことが判明する。専斎は明治四年（一八七二）の欧米調査以来、住民の健康は医学等学術を「政務的に運用」することで増進されると考えていたことはすでにふれたとおりである。この見解を踏まえるならば、専斎が「衛生工事」を進めることは、自ら構想した医学等学術の「政務的運用」の具体化を意味した。

専斎は、永井の講演録に序文を提供した直後、今度は中央衛生会に「東京ニ衛生工事ヲ興スノ議」を提出する。

虎列剌病予防ノ事ハ従来本会ニ於テ其方法ヲ議定スルコト甚タ多ク今回更ニ又改

正虎列刺病予防消毒心得書ヲ審議シ議決将ニ近キニ在ラントス然レトモ是等ノ法案ハ概ネ病毒既発後ノ処置ニ属シ其目的タル纔ニ病焔ヲ未熾ニ鎮滅シテ炎々ノ勢ヲ逞クセサラシメントスルニ過キス要スルニ一時ノ姑息法ナルノミ

（『中央衛生会第八次年報』より）

専斎はコレラ予防の「心得書」等の法規は「病毒既発後ノ処置」であり、これを「姑息法」と位置づけている。これに対して「衛生工事」は「真正ノ予防法」だとして評価する。しかしこの「真正ノ予防法」である「衛生工事」に関しては、従来、中央衛生会では十分な議論を尽くしてこなかったと批判するのである。そこで「姑息ノ予防法」を採用する政策路線を修正するべく、「衛生工事」の必要性を「主任大臣ニ建議」するため、この度の議題を提出したのであった。

この建言は中央衛生会の入れるところとなり、「建議案調査委員」が選出されることとなった。このとき、専斎もその委員として選出された。明治二十年六月三十日に内閣総理大臣へ提出された建議文では、「検疫消毒」の「二法」は、「既発ニ応スルノ方法」であり、「一時ノ姑息法」に過ぎないとする一方、「衛生工事」は西欧諸国の「学理実験」に基づけば、「万全ノ長策」と位置づけられていた。専斎の「衛生工事」を進めるための構想は、「建議案調査委員」の間でも共有されたのである。

また、「衛生工事」の進展を期すべく建議をなした専斎は、これにとどまらず、同じ年の十一月、水道敷設の基本法の制定を求めて動いてもいた。「市街私設水道条例案」の提出がそれである。専斎はこの案で「水道ヲ敷設シ飲料水ヲ改良スルノ緊切ニシテ極メテ急要ノ事」とし、そのため「確然タル条例ヲ設ケテ、一定ノ方針」を示すことが、全国水道事業の普及にとって重要であるとしたのである。

「衛生工事」や水道条例の制定を実現するべく活動していた専斎は、水道条例案を提出した翌年、今度は東京の水道敷設事業に参画することとなった。この年、東京市区改正条例が制定され、東京市区改正委員会が設置される。専斎はこの委員会の委員として水道事業の普及の具体化に取り組むこととなったのである。そして専斎らの水道改良事業計画は、市区改正委員会の議論を踏まえて、上水道敷設事業へと進んでいった。

専斎らの取り組んだ東京の水道敷設事業は、それ以前よりすでに進められていた長崎や大阪の事業とともに評価され、近代日本の水道に関する基本法である水道条例の制定を促した。この条例は、府県において「水道事業興起ノ傾向」が認められる一方、基本となる「規則」がなかったことから制定をみた。この水道条例の制定過程を踏まえると、近代日本の水道基本法は、長崎や東京といった地方の活動が中央に派生したことで実現した。また官僚との関係を踏まえるならば、水道条例は専斎にみられるような「技術官僚」の理念を具体化する中で、制定されることとなったのである。

水道条例が制定されたことで、水道は「市町村公費ヲ以テスルニ非サレハ之ヲ敷設スルコトヲ得ス」にみられるように公設水道事業であることが明らかとなった。同条例第八条では、地方長官は「随時当該官吏又ハ技術官ヲ派遣シテ水道工事及水質水量ヲ検査セシメ其改築修理ヲ要シ又ハ水質不良水量不足ナリト認ムルトキハ地方衛生会ノ議定ヲ経相当ノ猶予期日ヲ定メテ之カ改良ヲ市町村ニ命スヘシ」とされていた。地方長官は水道の改良が必要とされたときには、地方衛生会での議論を踏まえて、水道改良を市町村に命じるとされたのである。ここにいう地方衛生会は、すでにふれたことではあるが、明治十二年のコレラの流行が終息してのち設置された地方長官の諮詢機関であった。その委員には、医師、府県会議員、公立病院長、公立病院薬局長、衛生課長、警察官があてられていた。専斎は「健康保護」事業に際して医学等学術の知見を踏まえることが重要であり、その「政務的運用」を求めていたが、この地方衛生会は、医師や病院長、薬局長、衛生課長など、医学等学術の知見に理解を示すことができる人物が選出されることで成りたっていたのであり、中央衛生会同様、専斎の衛生事業構想の具体化された機関として位置づけることができるものである。水道条例が制定され、地方長官が水道改良を命じる際には、地方衛生会の議を踏まえることが求められたということは、飲料水の管理において専斎の構想が明治期衛生行政に取りいれられたことを意味する。

さらに同条例では、「水道ノ給水ヲ受クル者」は、第十条において「水質水量ノ検査ヲ市町村長ニ請求スルコトヲ得」として、水道を使用する側からも「水質水量ノ検査」を市町村長に請求することが認められた。加えてこの条例では、水道を使用する側の権利だけでなく、義務も示された。すなわち、第十一条に示されたように「家屋内ノ給水用具及本支水管ヨリ之ニ接続スル細管ハ市町村ノ所定ニ従ヒ之ヲ設置」することとなるが、その細管設置の費用は「水道ノ給水ヲ受クル家主ノ負担」とされた。また第十三条では、「家屋内ノ給水用具不完全ナリト認」められる際には、「之カ修繕ヲ」求め、家主がその修繕を怠る際には、市町村が必要とされる修繕をおこない、「其費用ヲ徴収スルコトヲ得」とされた。この修繕に関しては続く第十四条において、「家主ハ家屋内給水用具ノ設置又ハ其修繕ヲ了リタルトキハ市町村ノ水道掛ニ届出」ることとされ、これを受けた水道掛は「速ニ之ヲ検査」することが求められる。ここに給水を受ける側の義務も明示されたのである。

専斎は明治十年代から二十年代にかけて出された伝染病予防のための「心得書」を評する中で、伝染病予防の効果を高めるためには、衛生担当吏員や警官、医師の活動に加えて、住民自身の「自覚」が求められねばならないとした。そしてこれを「官」と「民」の協調という視点で表現し、効果的な伝染病予防等にはそうした協調が必要であるとする。専斎は医学等学術を「政務的に運用」することで住民の「健康保護」を図ることを予定し、そのためにはこの「官」と「民」とが協調することが重要であることを見抜いていたのである。

水道条例では地方長官や水道掛といった「官」の役割と家主に期待された事項にみられるような「民」の役割が設定された。ここから明らかになることは、専斎の「官」と「民」の協調を進めようとする構想が、水道条例が制定されたことで具体化されていったということである。

第七章

専斎とその家族

園子との結婚

大村から親戚上京のときは東京風の服装

園子は嘉永二年（一八四九）大村藩士後藤多仲の長女として生まれ、幼きときより経済上の不自由はなく、武士の娘として礼儀作法その他、徳川幕藩体制下の「女」としての素養を身に着けるべく育てられた。また背の高い美しい娘として評判であったという。一方の専斎も藩内きっての出来物として知られており、加えて長与家の家督相続人であったことも手伝って、園子は専斎の許に嫁いだのである。専斎の女性の好みは必ずしも明らかではないが、親への孝養を大切にしてくれる人を求めていたようである。園子との結婚は文久二年（一八六二）に決まったが、専斎は長崎で医学伝習中であったため、実際の結婚生活がはじまるのは二年後の元治元年（一八六四）のことである。専斎二十七歳、園子十六歳であった。

結婚生活がはじまって二年後の園子十八歳の時、長男称吉（一八六六―一九一〇）が誕生する。しかしその年の四月、専斎は藩主の許しが得られたとして西洋医学を学ぶため再び長崎に赴いた。専斎はその後しばらく大村には帰らず、ときどき母親への孝養を頼むといった手紙を寄こすだけであったという。専斎の留守中、長与の家にあって園子は、長男称吉との暮らしを支えに、針仕事、料理、洗濯をはじめ家事全般に従事した。姑は男まさりで、厳格であったという。日に夜に一日中子育てと家事や姑の世話などに奔走する園子はなりふり構っていられない生活となった。

明治四年、専斎のいた長崎医学校が「大学」の所管となると、専斎は少博士となり、一旦帰藩した後、上京した。上京すると岩倉具視を中心とした一大使節団が計画中であることを聞きつけ、これに随行し、欧州の地で衛生行政の重要性に注目するようになる。帰国後、文部省医務局長に就任するまでのわずかの間、専斎は大村の長与家にいた。一年半ぶりの家族への対面であった。専斎が洋行中、保子も誕生していたため、二児の父親となった。そして家族との対面を果たした専斎は、文部省医務局長に就任するべく上京する。この時は園子や子供たちも一緒であった。明治六年のことである。

上京して以降も、近代日本最初の衛生官僚の妻として、武士の家に育った者らしく気丈にふるまった園子は、「七転び八起き」を旨として、ときに冗談をいいながら、家事や子育てに取り組んだ。園子は子らをあまりガミガミ叱らずによく育てたという。

他家の養子となった四男裕吉を、養子と決まった後も他の子らと同様、自分のもとに置き、育てることを宣言するなど、子らに対する愛情は強かった。三男の又郎（一八七八―一九四二）は専斎の家から一人も「屑」が出なかったのは母園子の存在が大きかったとふりかえる。

また園子は単に忍耐の人ではなく、世間体を重んじる人でもあった。大村から親戚が東京にやってくると、あか抜けない服装を嫌い東京風の服装に変えるよう指示を出すのは園子であった。

専斎が近代日本「健康保護」事業の形成にまい進できたのは、尋常凡庸では片づかない園子の家族に対する愛情と努力、そして世間に対するプライドがあったのである。

八人の子供たち

五男三女に恵まれ

専斎は園子との間に、五男三女、八人の子供たちに恵まれた。

慶応二年（専斎＝二十九歳）　正月七日　長男 称吉生まれる。
明治五年（三十五歳）　三月二十八日　長女 保子生まれる。
明治八年（三十八歳）　二月十一日　二男 程三生まれる。
明治十一年（四十一歳）　四月六日　三男 又郎生まれる。
明治十二年（四十二歳）　八月十九日　二女 藤子生まれる。
明治十六年（四十六歳）　九月十二日　四男 裕吉生まれる。
明治十八年（四十八歳）　十二月二十五日　三女 道子生まれる。
明治二十一年（五十一歳）　八月六日　五男 善郎生まれる。
（『松本順自伝・長与専斎自伝』より）

先にふれたように欧州から帰国した専斎は、長男称吉と長女保子の二人の父親となった。そして文部省医務局長として医制の制定を実現した翌年、二男程三、さらにその三年後、専斎が四十一歳のときには、三男又郎、その翌年には二女の藤子の誕生を祝った。

明治十五年、池田謙斎と高木兼寛の建言をきっかけにした「衛生事務拡張論」を山

明治 26 年の長与家家族写真（『松香遺稿』より）

田顕義がその実現に向け尽力していた翌年には、後に園子の実弟、岩永省一の養子となる四男裕吉の誕生を喜び、その二年後には三女道子が生まれた。道子の誕生の翌年、専斎は内務省衛生局長のかたわら、元老院議員を兼任し、勅任官に叙せられる。

専斎は明治十六年の神田下水の敷設にみられるように、「衛生二大工事」、すなわち上水道と下水道の整備を進めることが重要としていた。この構想は明治二十一年、東京市区改正委員会委員に就任したことでいよいよ実現を図る機会に恵まれる。専斎は「衛生工事」を衛生事業の「本体基本」としていたことからも、その実現を望んでいたことはすでにみたとおりである。「衛生工事」の進展を期すべく市区改正委員会の議論に加わる専斎はこの年、五男善郎（一八八八―一九六一）の誕生にも出会うという慶事を得る。これが末子である。

以下、専斎夫婦の下で育った子女のことについて一人ひとり取り上げてみよう。

長与家家業の継承―称吉と又郎

称吉

十年のドイツ留学からもどり胃腸病院を開く

長与家は徳川幕藩体制時代より大村藩に医家として仕え、専斎も医業を継ぐ者として医学の知識を活用しながら、近代日本の医師制度や衛生行政の形成に尽力した。専斎は一時、大村藩の種痘の普及や藩主の健康管理をおこなっていたが、明治以降、医の道に通じた官僚として活躍する。専斎は長与家の家督相続人であったが、医家として患者を治療したり、後進の医師を育成するといったことに直接かかわるのではなく、官僚としての道を選択したのであった。しかし医家としての長与家の家業は専斎の時代を経て息子の代で継承されていく。長男の称吉が十年に及ぶドイツへの留学から帰国すると、開業医として大活躍をしたのである。

明治二十六年（一八九三）、帰国した称吉は、日本橋に胃腸を専門として開業した。ここは日本銀行の裏手にあたる場所であった。長与胃腸病診療所である。

明治二十年代の日本では、人間の消化器を示す言葉として「腸胃」が一般に知られていたが、称吉はドイツ語での表現、*Magen und Darm*（マーゲン・ウント・ダルム）にならい、「胃腸」としたのである。マーゲンはドイツ語で「胃」、ダルムは「腸」を指す言葉である。この称吉のはじめた長与胃腸病診療所は患者からの評判がよく、まもなく麹町区内幸町に胃腸病院として拡張される。称吉の活躍があって「胃腸」の名称も広まっていった。

長与称吉（『近代名医一夕話』より）

称吉は、身体は決して大きいほうではなかったものの、気のきいた才子風の人で、長く西欧の生活を送ったことからか、殊に垢抜《あかぬ》けた印象が周囲からはもたれていた。患者に対しては、病気の性質について詳しく説明し、終始懇切丁寧であった。とくに予後の注意事項を重視し、またそれが的確であったことから、患者からは大いに信頼された。一方、自分の下で働く医師たちに対しても、丁寧な言葉で開業医の処世について注意を与えていたという。称吉は開業医として患者や部下に対して注意深く接していたのである。

夏目漱石も入院した胃腸病院

明治四十三年（一九一〇）、称吉が他界する少し前、『三四郎』、『それから』に続く前期三部作の三作目にあたる『門』を執筆中に胃潰瘍を患った夏目漱石（一八六七—一九一六）が入院したのも称吉の胃腸病院であった。『日本之名勝』は、称吉の胃腸病院を次のように紹介している。

東京麹町区内幸町一丁目に在り、宏大なる日本造二階建にして、院長は長与専斎の息称吉なり、氏は永く独逸に留学して、ドクトルの称号を得、帰朝の後本院を開設せり、……（中略）……院内総坪数は八百二十七坪にして、附属建物百十八坪、

胃腸病院（『日本之名勝』より）

院長室、診察室、治療室、水浴室、試験室、消毒室、薬局、会計室、事務室、患者控所、看護婦詰所等あり、伝染病患者病室は別に一棟として、普通患者と隔離し、更に院内に倶楽部を設けて、入院患者の娯楽場に充つるなど、其用意極めて周到にして、準備頗る整頓せり

（『日本之名勝』より）

称吉の始めた病院は実に立派なものであった。

また称吉はドイツでの生活が長きにわたったため、ドイツ語を書くのは上手であったが、日本語を書くのも達者であったという。ドイツ留学中であっても手紙は唐紙に認めることを旨とした。専斎は子供の成長に対して、うるさいほどに介入するほうではなかったが、文字だけは厳しかったようである。称吉は日本から届く専斎の手紙を手本として自分の手紙を書いていた。

専斎の文字へのこだわりは、善郎の習字でのエピソードでも知ることができる。末子の善郎が南山小学校に通っていたとき、善郎の習字の手本をみつけて、「(学校は—筆者注) こんなひどい字を習わせてどうする」といった。そして「お前だけでも俺の字を習へ」といわんばかりに善郎に楷書の手本を自ら用意したそうである。善郎はそれをみると、「実に見事なもので、子供乍らこれは素晴らしいものだ」と驚嘆した。また末子の善郎は父親を「怖はいものと思ったことは一度もなかった」とするが、兄たちに対しては「地震雷鳴火事爺というより以上に怖るべく厳格」であったという。称吉は厳格な時代の専斎の影響を受けて成長したのである。

胃腸病院の経営にみえるように、称吉は堅実な性格であったが、一方で、豪快な側面を見せる人でもあった。たとえば自身の病院十周年には、芸妓を多数引きつれ、大宴会を開催した。明治四十三年、富士見町にドイツ風の西洋式大邸宅を建てもした。

父専斎を評して、「いはゆる横着さが足りなかった。先天的にアクと脂ッ気が無かった。総ての俗臭にみちたことが嫌いで、また、私欲に全く珍しいほど淡白であった」といってのけるところがあった。そして五男善郎が、法科から文科へ進路を変更するといった場面に遭遇したときには、病床にありながらも

お前は変り者だ。文学をやりたいというのは判る。それも面白いだろう。文学で飯を食うというのは容易じゃないだろうが、思いきってやれ。お前の生活くらいおれが引きうけてやる。心配するな。

（『わが心の遍歴』より）

と激励したという。日本の胃腸専門病院の嚆矢《こうし》となるものを打ちたて、西洋風の大邸宅を建設し、近代日本を代表する衛生官僚である父親を「横着さがたりなかった」と評し、長与家の金の面倒は俺がみると言い放つ姿こそ、従来もたれてきた称吉の印象である。しかしその裏では、文字を鍛錬し、患者や部下に対するきめ細やかな配慮の念をもちあわせてもいた。胃腸病院の成功は、西洋式の新しい医療や豪快な院長とし

ての側面だけでなく、人々を引きつける繊細さをもちあわせた称吉の才能あってのことである。

初診料や往診料をとる医療制度の確立に貢献

称吉は専斎のはじめた医薬分業制の導入にも貢献した。近世日本の医療では、診察料が設定されていなかった。従前の日本の医師は診察料をとるという発想がなかったのである。これに対して称吉の胃腸病院では診察料をとることとした。初診料や往診料といった具合に、医療に値段をつける必要性を理解し、実践したのであった。東京大学医学部において内科学の立場から指導的役割を果たした入沢達吉（一八六五―一九三八）は、この称吉の取り組みを「兎に角真面目に診察して診察料、また往診料を払はしむべしというのは、称吉君が我国で初めて断固としてやったのだ」とふりかえる。診察料の導入は医制で求められた医薬分業を進めることにつながる。専斎は日本の医療制度の西洋化に向けて、医師国家試験の一般化を実現するべく苦慮していたことはすでにみたとおりである。診察料の設定に取り組んだ称吉と、医師国家試験の定着に奔走した専斎とによって、医制は具体化されていった。近代日本の医療の西洋化は、専斎と称吉という親子によって進められていたのである。

また称吉はドイツで胃腸病学の研鑽を積んだが、ドイツ人と日本人の体格や生活習慣など、彼我の違いを踏まえることの重要性も一方で知っていたことから、「日本の胃腸病学」の形成が必要であるとして、胃腸病院に関係する医師たちを中核に、胃腸病研究会を開催するようになる。この研究会の活動は、明治三十五年（一九〇二）以降「日本消化機病学会」、そして昭和三十九年以降は「日本消化器病学会」へと継承されていった。開業医として成功した称吉は、胃腸の視点から近代日本の医学の発展にも寄与したのである。称吉は日本における胃腸病の臨床・学術双方の面からのパイオニアであった。なお今日、胃や腸などを示す言葉として「消化器」が用いられる。あまり注目されないが、「日本消化器病学会」と名称が変更される以前にあってこの学術団体には、「消化器」ではなく、「消化機」の文字が充てられていた。

臨床と学術双方から胃腸病学に貢献していた称吉は、明治四十三年七月二十日、亡父専斎の功績により男爵となる。推薦したのは専斎の活動と業績をもっともよく知る後藤新平と北里柴三郎である。ここに専斎の明治政府への貢献が息子称吉を通じて評価され、長与家は華族として明治政府に列席することとなった。ところがその直後、称吉は、明治四十三年九月五日、四十五歳の若さでこの世を去った。

称吉は日本に胃腸病学を広めた。そしてそれにとどまらず、専斎が「健康保護」事業の発展のため、「官民の融和」を説くことが重要であるとして設立した大日本私立衛生会の活動にも参加し、父親の取り組みを継承しようとした。称吉は、長与家の家業や専斎の衛生行政にかけた志を引きつぎ、支えたのであるが、さらに家庭の中でも父親専斎の唱えた衛生思想の普及に貢献していた。

後藤象二郎の娘と結婚、孫に犬養道子

称吉はドイツ留学より帰国すると、ある園遊会の席で明治国家建設の功労者の一人後藤象二郎（一八三八―一八九七）の娘延子を見そめる。称吉の孫であり、作家として活躍した犬養道子（一九二一―二〇一七）は、結婚前の祖母延子の写真をみたときの印象を、「美しい。外国の、日本の、昨今名高い美人女優のすべてをもって来ても、その乙女の美しさにはかなうまいと思われた」と綴っている。延子の若かりし頃を知る人たちは、「すべての人の眼をそばだたせるほど美しかった」と語りついだ。称吉は専斎に、この延子を自分の嫁に是非にと懇願した。称吉はドイツ留学中、ある西洋女

性と恋に落ち、子供をもうけていた。ところが専斎はこの西洋女性との結婚をついに承諾しなかった。自らの腹心であった後藤新平を使いとし、その女性への思いを称吉に断ちきらせたということがあった。とかく派手なことを好まない専斎の心中としては、なにも後藤象二郎の娘でなくてもよかろうに、との思いがあったのかもしれないが、このときはついに二人の婚姻に同意した。媒酌人は伊藤博文夫妻であった。

称吉と延子の娘に仲子がいた。この仲子は、明治の言論界、そして政界において存在感を示し、五・一五事件で凶弾に倒れた犬養毅（一八五五―一九三二）の息子健（一八九六―一九六〇）に嫁いだ。この犬養健と仲子の娘が先の道子である。

後藤延子（右）と
岩崎弥之助の長女繁子（左）
（『伯爵後藤象二郎』より）

道子が幼少のとき、仲子は「衛生、衛生」と、近代日本に「衛生」という言葉を定着させた専斎の孫として、そしてドイツで胃腸病を専門に学んだ称吉の子として、一日に何十回も繰りかえしたそうである。そのため、お菓子屋さんで買うお菓子は衛生的でないことから仲子は嫌った。仲子は称吉に教わったとして、「ぷうっと息を吹き入れて膨らました袋におせんべなぞ入れるから、日本では結核がひろがる」ということを娘の道子に説明し、「衛生的でないから、おせんべは駄目よ」と諭すのであった。

仲子は、常に、医師の往診用携帯小箱に消毒アルコールをたっぷり含ませた綿をつめこんで、帯の間にもち歩いていたという。客人を迎えるための茶菓子が必要なときは、お菓子屋さんの店の前でアルコール綿を取りだし、菓子箱と菓子つまみの箸を拭くことを忘れなかった。店主には、ドイツでは「衛生観念と消毒はとてもよく普及しています。だから、伝染病は多かあなくってよ」と講釈した。仲子はまた「お金」にふれることも好まなかった。「多勢の人の手から渡って、世の中じゅうのバイ菌をぜんぶつけている非衛生な」ものであったからである。

大正十四年、東京にコレラの流行があった。八月以降、東京一帯はコレラ流行地となり、魚河岸は閉鎖された。「肛門にコルク栓をつめときゃ死にはせん」などと軽口をたたく住民を尻目に、仲子は、世間では「衛生思想が低いから」といいながら、大わらわになって、家中のあちらこちらにクレゾール消毒水を入れた洗面器を置き、井戸の中にはカルキを袋いっぱい放り込み、何でもかんでも熱湯消毒し、煮沸料理に徹した。専斎の広めた住民生活には衛生への取り組みが重要であるとする思想は、称吉を通じて子や孫に至るまで、説かれていたのである。

又郎

専斎の強い希望で医師の道へ、そして東大に

称吉と同じく医家として医学の研鑽と普及に努めるという長与家の家業を引きついだのが三男の又郎である。

又郎は明治十一年四月六日、東京の神田で生まれた。専斎は子供たちに医学の研鑽を積むことを必ずしも求めたわけではなかったが、又郎には学者に、それも医学者になることを望んだ。

又郎が慶應義塾の初等科を経て旧制第一高等学校、通称「一高」を目指すため正則中学に籍を置いていた頃は、日本が日清戦争を経験したときであった。日本は大国清に勝利し、遼東半島、台湾、澎湖列島を獲得するも、ドイツ、フランス、ロシアよりなる三国干渉の結果、清国への遼東半島の返還を余儀なくされた。このような時局を

みながら、世上の影響を受けやすい多感な時期であっただけに、又郎は将来は軍人になることを専斎に伝える。執拗な懇願に対して専斎も一度は了解したものの、明治二十八年（一八九五）六月以降、強くこれに反対するようになった。そしてその年の九月のはじめ、専斎は又郎を伴って日光湯元に旅行し、又郎と時間を共有する中で、学者になることを求めたのである。又郎はこのときの模様を次のように日記に残している。

余（専斎—筆者注）が児五人、一人の学に志すものなし。長兄は実業医家の如く、次兄は商業に志し、裕吉は岩永氏の意に在りて動かす可からず。善郎に至りては未だ定むるところなし。汝一人あるのみ。願う、汝身を学術界に投じ、業を遂げ、祖先に対し名声を挙げよ。……（中略）……余（又郎—筆者注）感謝す。

（『長与又郎日記』より）

そこで又郎は軍人となるとする進路を改め、学者の道を目指すこととした。このとき又郎は、法学者になろうとしたのである。ところが専斎はこれにも反対する。明治二十九年（一八九六）二月九日のことである。

元より法科は汝に不適当のものに非ざれども、余の目する処を以てすれば、医家に就くに於て最も汝に適切なるをみる。加うるに我が家世々医を以て天下に聞こゆ。余も幸いにして大事を成就するを得たり。故に子々孫々益々斯道に於て家名を挙げん事を望む

（『長与又郎日記』より）

専斎は三男又郎に医学者として家業を継承することを期待したのである。そして又郎は見事に父親の期待に応えた。

「一高」、東京大学医学部を経て又郎は、東大の病理学教室に入室した。生理学が人体の生命の伸長を解明しようとするのに対して、病理学は人の病気の原因を明らかにすることを目指す。又郎は病気の原因に医学の知見を駆使して接近することとなったのである。

東大医学部教授から総長へ、そして父専斎と同じ「衛生」にも

又郎は、明治四十年（一九〇七）より二年間、ドイツに遊学し、病理学の知見を深めた。帰国した又郎は、東大講師、助教授となり、明治四十四年（一九一一）、東京大学医学部教授となった。三十三歳の時である。

教授就任以前より癌の研究に責任ある立場からかかわるようになっており、大正四年には癌研究会理事長に就任する。またこの年、山形において恙虫《つつがむし》病の調査を開始し、九年後、同病の病原体を明らかにすると、昭和五年（一九三〇）、恙虫病病原体はリケッチア・オリエンターリスと命名された。又郎は恙虫病の権威として知られるようになった。

東大教授として教育に奔走し、癌や恙虫病の研究を進めるだけでなく、その間にあって又郎は、伝染病研究所の所長として事務管理の業務にも時間を割かれていた。伝染病研究所、通称「伝研」は、次章でふれるとおり、福沢諭吉や父親専斎などのかかわりがあって、ドイツより帰国した北里柴三郎のために用意された。しかし伝染病研究の必要性が日増しに認められるようになり、当初「私立」であったものが内務省、そして文部省が所管するようになる。ところが北里は、東大出身ではあったが、東大教

授、ひいては文部省との折り合いが悪かった。大正三年、「伝研」が文部省の所管となると、北里はこれに激怒し、弟子たちとともに「伝研」を去り、新たに私立の北里研究所を設立する。この北里の意思を受けつぎ戦後設置されるのが北里大学である。同大学は、昭和三十七年の開設であり、発足にあたって衛生学部を置いた。北里が衛生官僚として官界のキャリアをスタートさせたことと符合する動きである。北里は衛生を説くことが重要としていたのである。そのため東京大学教授であった又郎が父専斎等の尽力により設立された「伝研」の所長となったのは文部省の所管になって以降の時代の出来事である。

恙虫病の病原体がリケッチア・オリエンターリスと命名された昭和五年、又郎は保健衛生調査会の委員としての活動も開始する。この調査会は、慢性伝染病や住民の日ごろからの健康増進に関心を注いでいた。明治期の伝染病はコレラに代表されるように急性のものであった。しかし明治末年から大正、そして昭和と時代が下るにしたがって、性病や結核、らいといった慢性の伝染病への関心が注がれるようになる。

性病は明治の初期、花柳病対策の必要性が唱えられ、検梅がおこなわれるようになっていたが、その後、秦佐八郎（一八七三―一九三八）とエールリッヒ（Paul Ehrlich, 1854

長与又郎（『長与又郎伝』より）

—1915）とがサルバルサンを考案したことで再び注目されるようになった。サルバルサンとは、化学療法に基づいた治療剤であり、これにより梅毒をはじめとするスピロヘータを病原とする疾病の治癒《ちゆ》を人々はみた。そのほか、結核やらい病への対策の必要性も理解が進んでいった。その結果、保健衛生調査会が設置されたのである。大正五年のことであった。

専斎が欧州調査より帰国し、文部省医務局長となったときの成果として医制の制定があった。この医制が制定されたのは明治七年であったが、その、八十年後、そして百年後、これを記念して編まれたのが『医制八十年史』や『医制百年史』である。こうした書物では、この保健衛生調査会の設置を、住民の健康増進を目的とする「積極行政へと進展していく端緒」と位置づける。設置当初の調査項目には、結核や花柳病、らいのほかに、衣食住、農村衛生状態等が取り上げられた。常日ごろからの住民の健康増進への注視を政府が改めて開始したのであった。又郎は保健衛生調査会委員とし

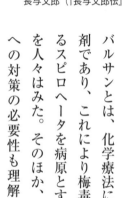

て、専斎と同じく衛生行政にもかかわるようになったのである。

又郎は学者や教育者、あるいは「伝研」の運営への参加だけでなく政府の委員として、専斎の意思を継ぎ、住民の健康増進に取り組んだ。そして又郎の活躍はこれ以降もとどまることはなかった。昭和八年には東京大学医学部長となり、その翌年、同大総長に就任し、一層多忙な日々を送るのであった。昭和十三年、総長を辞任するが、医学の発展や健康増進に向けた又郎への期待は終わることなく、今度は昭和九年、又郎の総長就任の少し前に設置された癌研究所の所長におさまり、日本の癌研究の陣頭指揮をとることとなる。初代所長も又郎であったが総長就任に伴い、辞任、二度目の所長の任であった。

長与又郎編『松香遺稿』（昭和９年）

昭和十六年、日本癌学会が創立されると初代会長となる。又郎は日本の初期癌研究をリードする中心人物であったのである。そしてこの又郎の取り組みは、その四男建夫によって引きつがれる。建夫は、戦後日本の癌研究の進展とともに設立された愛知県がんセンター総長として研究とその治療に尽力した。

その他又郎は「国民体位の向上」が求められる昭和戦前期にあって、結核研究所長として、結核対策にも携わった。

こうしたこれまでの取り組みは政府により評価され、又郎は昭和十六年（一九四一）、病床の中、受爵の栄誉に接した。

晩年、又郎は「先考の期待に反くなかりしやを危ぶむ」として、およそ三十年前、父専斎より医学者として長与家の家業を継ぐことを希望されたことを思いだし、自分の取り組みと専斎の期待に応えられたかを思案している。又郎の取り組みは、専斎が求めたように学者として医の道での大活躍につながった。又郎は医学者、教育者、政府委員、各研究所長などを通じて、専斎の志と長与家の家業を引き継いだのである。

娘たち―保子、藤子、道子

保子

松方正義の長男に嫁ぎ、媒酌人は西郷従道

専斎と園子の間には三人の娘が誕生した。保子、藤子、道子である。

保子は専斎が岩倉遣外使節団に伴い欧州滞在中、長与家の最初の女の子として生まれた。専斎がはじめて保子との対面を果たすのは、欧州より帰国した明治六年、大村に立ち寄ったときである。その後、文部官僚となった専斎の上京にあわせて一家は東京に住むようになる。保子の誕生した翌年、二男の程三が生まれ、さらに明治十一年には三男の又郎が誕生し、その後も、藤子、裕吉、道子、善郎といった具合に弟や妹は増えていく。保子は長与家の長女として弟や妹たちの面倒をみながら成長した。

専斎一家が上京したころ、その住まいは借家であった。専斎の子供たちのうち、道子までは借家時代に誕生した。末弟の善郎だけ、専斎がその地を気に入り、買い入れ、新居を建築したのち生まれた。

専斎一家は、神田駿河台や神田今川小路、赤坂一ツ木などの家を転々としたが、駿河台に住んでいたころすでに、麻布宮村町（現在の東京都港区元麻布三丁目）、通称内田山に土地を買い入れ、家の建築をはじめた。それまでの借家生活は、家ができるまでの仮の住まいであった。

専斎の購入した土地は遠く品川湾を望む形勝の地で、山の大部分は雑木の密林で、東南の一角だけが耕され、春は青々とした麦畑となり、初秋の候には色様々な朝鮮菊が美しく咲いた。専斎はこの山の一隅によい配合で並んでいた、大人二人でやっと手をまわしうる程の二本の槙の巨木が気に入り、「買山依様不論銭」といった気分でこの処を求めた。広さは三千六百坪ほどであった。邸ができた当初は、付近の住人は百姓家が一軒あったのみで、裏の林で雉子《きじ》が啼《な》いたり、庭先に狐が現れたりと、寂しいところであったという。専斎一家が移り住んだのは明治十九年のことであったが、その後、大小幾多の屋敷が次々にできていった。「内田山の雷親爺」と囁かれた明治の元勲井上馨もこの内田山に居を構えた一人である。

内田山の邸宅は欧化主義の尖端をいった和洋折衷の堂々たる邸宅であった。十五畳敷位の寝室、広さにゆとりをもたせた食堂から庭に面して六角堂という白薔薇《ばら》をからませたヴェランダが突きでていた。六角堂からは専斎の書斎や日本座敷の方へ通ずる渡り廊下が設置されており、その側には木瓜《ぼけ》、くちなし、沈丁花《じんちょうげ》などの刈込の生垣《いけがき》がこしらえられていた。夜は六角堂で又郎がアラビアンナイトの話を弟たちにきかせたりした。五男善郎は後に、ストーブの前に母と二人いる父の膝の上に乗って、その白く長い顎鬚《あごひげ》をぐいぐい引っ張っていたと懐かしんでいる。正月には園子や保子が、その六角堂に立って芝生に集まる女中や書生、車夫などにみかん撒きをやった。専斎一家はこの内田山の邸宅で一家だんらんを楽しんだのである。そしてこの邸宅は、専斎の若く活動的な時代の象徴でもあった。

明治二十六年、十年に及ぶ遊学から長兄の称吉が帰国する。専斎はこの長兄の帰国を待ちわび、いよいよ帰国となったとき、末子の善郎を連れて横浜まで出迎えにいった。称吉が帰国したことで、内田山の邸宅に両親と八人の子供たちがようやくそろった。この年は、家族全員での記念写真も撮ることができた。

家族写真を撮って間もなくして保子は、両親や同胞と過ごしたこの場所から、明治の元勲松方正義（一八三五―一九二四）の長男、巌（一八六二―一九四二）の許へ嫁していった。媒酌人は西郷従道（一八四三―一九〇二）が務めた。保子は聡明な人で、松方家が嫡男の嫁に是非にといって迎えたという。保子が嫁ぐにあたって専斎一家では盛大な宴が催された。

藤子

鎌倉の別荘沖合の海で引き潮に呑まれて不帰の人に

二女の藤子は三男の又郎が誕生した翌年、神田駿河台の家に生まれた。しかしこの藤子は明治二十七年（一八九四）の夏、海水浴中に溺死する。いまだ十代半ばにして、藤子の人生はこれからというときであった。この出来事に遭遇した専斎、園子、そして同胞たちが嘆き悲しんだことはいうまでもない。

藤子の悲劇が起こったころ、すでに専斎は住民の健康増進には海水浴がよいと奨励していた。専斎は鎌倉に別荘をもち、夏になると親類などと一緒に皆で避暑のため出向いていたのである。

長与家では朝と夕方、別荘からほど近い海辺に出かけ、二十分ほど海水浴をするのが習慣であった。海で遊ぶと朝食と夕食が待っていた。明治二十七年八月十四日、二女の藤子は朝から海水浴に出かける気分ではなかったが、母親に進められるまま、兄の又郎たちと海へ向かった。当時の海の状態は引き潮であった。この引き潮が、浅瀬で海水浴に興じる藤子を突如として襲い、そのまま連れ去ったのである。又郎たちは驚き、助けを試みたが、藤子は流されてしまった。このとき、母親の園子は善郎と別荘にいた。藤子に起こった突然の出来事を知った園子は海岸に直ちに出向き、気が狂わんばかりに興奮し、そこにいた船頭たちに娘の捜索を指示した。公用で出かけていた専斎もその日の午後には別荘に駆けつけた。その日は、捜索の甲斐もなく藤子は見つからず、皆は泣き、悲しんだ。藤子の遺体は直ちには上がらなかったが、数日のうちには両親、そして同胞たちの前に運ばれた。藤子の遺体は、傷が方々にあり血が滲《にじ》み、髪には藻が一杯絡んでいたという。

善郎は、姉藤子の優美で奥ゆかしく、気持ちの優しいところが大好きであった。藤子は生まれつき慈悲深く、弱いもの、小さいもの、哀れなものへの同情心をもちあわせていた。乞食の前をただでは通り過ぎることができなかったという。専斎の子供たちは皆でよく遊び、そしてときに喧嘩もした。兄弟喧嘩がはじまると、藤子は末弟である善郎の肩をもち、兄たちに対しては、叱りもせず、穏やかになだめてその場を治める。善郎たち兄弟からすれば、藤子は「優しい主権者・仲裁者」であった。善郎は

日ケ窪の書斎（『松香遺稿』より）

日増しにこの大好きな姉の死を痛切に感ずるようになり、仏壇の前に坐りきり、一心不乱に数珠を爪ぐりながら、腹の底から搾り出るような声で読経する母親園子の後ろに座って泣いた。園子は藤子の死を境にやせ衰えていった。園子は藤子の溺死以来、鎌倉はおろか、海さえもみるのがいやになったという。

藤子の死は父である専斎にも当然、衝撃となる出来事であった。藤子の死から間もなく、専斎は、西洋主義の先端を駆けた日本を代表する衛生官僚を象徴するような内田山の邸宅から、同じ麻布の日ケ窪（現在の東京都港区六本木六丁目）に新居を構え、引っ越しをする。善郎によれば明治三十年（一八九七）頃のことであったという。このころの専斎は衛生局長の職をすでに辞し、自らが畢生《ひっせい》の事業とした衛生の事業の第一線から退いた生活を送っていた。加えて藤子の死と遭遇したことで、一層隠逸の士にふさわしい心境と風貌を備えていった。

内田山の邸宅が欧化主義の洋館としての印象が強かったのに対して、日ケ窪のそれは純日本風であった。中国六朝時代の詩人で、官途生活を改め、帰郷、そして隠逸の生活を送り、優れた詩などを残した陶淵明を慕ったことから、専斎はこの日ケ窪の書斎のある一棟を「小陶盧」と名づけていた。内田山の生活が西洋的雰囲気の濃いものであったのに対して、日ケ窪時代のそれは東洋的雰囲気に包まれる中で過ごされていった。又郎は、海に飲みこまれた藤子を思い、藤子が自分の妹ではなく、自分を鞭《べん》撻《たつ》する力の神、自分の心を美しくしてくれる愛の神となって自分の背後にある、と後にその心情を語っている。善郎は、藤子が生前、花霞のようなほんのりとした温かい感じを誰にでも与える顔立ちであったことをふりかえる。藤子は鎌倉の海にさらわれた。藤子の死は、その後の両親、同胞たちの心に悲しみと後悔の念を抱かせるに充分であった。その一方藤子は、その生前の温かで穏やかで美しく花の香るような思い出を家族に残した。

道子

兄又郎の紹介で平山金蔵と結婚、胃腸病院を継承

道子は、専斎の七人目の子として、明治十八年十二月二十五日、誕生した。藤子七歳、四男裕吉が三歳のときであった。三年後の明治二十一年には善郎が誕生する。道子は年の近い兄と姉、弟の間にあって成長した。長じて道子は兄又郎を介して平山金蔵(一八七六―一九三二)に出会い、結婚となった。

金蔵は又郎と同じく東京大学医学部に学び、やはりドイツに遊学した。専門は内科であった。医学研鑽のかたわら、称吉の胃腸病院で臨床経験を積んでいった。金蔵は、副院長として称吉の指導をうけ、胃腸病院にかかわっていたのである。

称吉が明治四十三年、四十五歳にしてこの世を去ると間もなくして、この病院を引きついだのが金蔵であった。称吉がはじめたことから胃腸病院はときとして「長与胃腸病院」、金蔵が引きついだことから、「平山胃腸病院」と称されることがあるが、これらは俗称であり、称吉のはじめた病院は「胃腸病院」と表現するのが正確である。

平山胃腸クリニック（平山胃腸クリニックHPより）

また金蔵は胃腸病院の院長として住民の健康増進に貢献したばかりでなく、称吉がはじめた胃腸病研究会を端緒とする「日本消化機病学会」でも重責を果たし、日本胃腸病学の中核となる人材と認知されていった。

金蔵の引きついだ胃腸病院は、その後も平山家およびその関係者によって引きつがれた。平成の時代にあっても、東京の新宿区大京町に平山胃腸クリニックとして開業している。同クリニックの平山洋二院長は、専斎の曾孫、道子と金蔵の孫にあたり、称吉から数えて五代目の院長である。

日本を代表する「衛生官僚」の家に育っ

た道子は、夫、子、そして孫を介することで、医家という長与家が培ってきた家業の継承に貢献したのである。

貿易・官界・言論界での活躍―程三、裕吉、善郎

程三

熱海梅園開園に尽力した茂木家で実業家の道へ

二男程三（一八七五―一九三四）は、明治八年二月十一日の誕生である。長男の称吉は医の道にまい進し、長与家の家業を継承することに貢献したが、二男の程三は実業家として活躍する。

専斎は内務省衛生局長として、コレラをはじめとする伝染病対策や、医師や薬舗の資格化、衛生思想の普及を図るための大日本私立衛生会の設立など、住民の健康増進のための仕組みづくりに積極的に取り組んだ。加えて海水浴の奨励やさらには温泉場での適度な運動や社交の場を用意するための活動もしていた。後者に関しては、専斎は温泉場としての熱海の素晴らしさを知っており、ここに梅園を作ろうとしていた。

（図 5）熱海梅園全図（熱海市立図書館所蔵）

熱海に梅園を作るとき障碍《しょうがい》となったのが資金のことであった。そこでこの専斎の構想を実現するべく資金面から協力したのが横浜にあって絹貿易で成功していた茂木惣兵衛（一八二七―一八九四）である。初代茂木惣兵衛は、儲けた金をできるだけ社会のために使ってみたいというところがあった。惣兵衛は夜は枕元に火消しのハッピを用意し、いざ火事となると懐中に百円札を入れて火事場にいき、焼け出された人に、人知れず金をやっては、自分は大変に心持ちよく感じたという。そしてこの惣兵衛は多くの人が喜ぶのならばと、専斎の梅園構想を支援した。その結果作られたのが、熱海梅園（図5）である。明治十九年四月に開園した熱海梅園は、戦後も熱海の名所となり、「日本一早咲きの梅、遅い紅葉」で知られるようになる。専斎は「茂木氏梅園記」において、惣兵衛の取り組みに感謝する。そしてそればかりでなく、二男の程三を実業家にするべく、この惣兵衛に託した。

初代惣兵衛のはじめた茂木商店は、長女の娘婿二代惣兵衛、二女の娘婿保平を経て、三代惣兵衛（一八九三―一九三五）へと受けつがれていった。この間、世間からは横浜実業家のうちの「巨頭」と目され、「茂木王国」と称されるようになる。茂木家は当初、横浜の生糸《きいと》・呉服商として知られたが、その後、銀行、生糸製造、絹織物貿易、雑貨の輸出入、鉱山金属精錬業、火薬製造などの領域にも果敢に進出した。

初代惣兵衛の娘婿であった保平（一八七二―一九一二）が急死すると、旧制第八高等学校に在学中だった良太郎が名古屋から呼び戻され、三代惣兵衛として父の事業を引きついだ。名古屋は良太郎にとっては自分の父親の実家の地であった。保平の父親は名古屋の豪商滝定助（一八六九―一九三二）である。

初代から二代惣兵衛、保平へと引きつがれ、貿易、銀行、鉱業へと拡大した事業を総合し、統轄する三代惣兵衛を支えたのが、初代惣兵衛の薫陶を受け、このころには最高幹部の一人となっていた専斎の二男程三をはじめとする理事たちであった。

程三は「多く報酬を受くる者は多く働くべし」をモットーに、「茂木王国」の幹部として真摯に仕事に取り組んだ。そのため程三は人よりも早く出社し、人よりも長い時間働き、そして他の者よりも遅く退社する。一日の仕事に目処《めど》をつけ、駅に向かうと、すでに他の会社の重役は、駅の周りで一杯飲《の》んでいる。程三に対しては「今お帰りですか、大層ご勉強で」と挨拶する。しかし遅くまで仕事をするのは重役として当たり前であるとの心情の持ち主には、当たり前のことをしているだけで、勉強しているわけではないと思えてくる。程三はそうした挨拶には常々返答に困っていたようである。

程三は茂木家の世話になって以来、横浜貿易や銀行業に真面目に取り組み、周囲からの信頼も得ていた。そのため三代惣兵衛が先代の事業を引きついだ際、程三は古参の幹部として茂木家の事業に影響力をもちえていたのである。三代惣兵衛からすると、程三は差し詰め徳川幕藩体制下にあって将軍を支えた「家老」のような位置づけであったのかもしれない。

初代内務省衛生局長の二男として、豊かな家庭に育った程三は、立派な風姿と貴公子のような温顔が、長く人にあたたかい感じを与えていたという。

母園子の実弟岩永省一家に養子で迎えられる

裕吉は専斎が神田下水にみられるような、「衛生工事」の具体化に取りかかっていたときに誕生した。明治十六年九月十三日のことであった。すでに同胞には、十八歳の称吉、十二歳の保子、九歳の程三、六歳の又郎、五歳の藤子がいた。加えて専斎の書生や女中も数人おり、裕吉は賑やかな家庭の一員となった。

裕吉が誕生したのは神田駿河台であり、ここはすぐ隣には中央衛生会委員として専斎と行動をともにしていた池田謙斎をはじめとして、医者たちの多く住む屋敷町であった。明治十九年、すでにふれた内田山の邸宅が完成すると、引っ越した。そして裕吉一家が新居に移ってしばらくすると、裕吉の身にも変化が訪れる。妻園子の実弟省一一家の養子として迎えられることとなったのである。省一も岩永家の養子として後藤家から迎えられたが、裕吉も長与家から岩永家の養子となった。省一には後継ぎがいなかったことから、裕吉を養子として迎えたいと専斎に打ちあけたのである。

家督相続制の下、「家」を継ぐために養子を必要とする時代であっても、幼少の子供に養子の意味をすぐに理解できようはずはない。麻布小学校の一年を終えると岩永家の養子として養父母との同居生活がはじまり、小学校も誠之小学校に転校した。しかし本日から養父母が「父」であり、「母」であるといわれてみたところで、納得できるわけではない。省一の家は本郷にあったが、裕吉は麻布の家に来ては、本郷の家に帰るのは嫌だと泣いていたそうである。結局、実母の園子が、これまでの義理や世間体などのしがらみから超越した母性愛をもって、他家に遣《や》ってもこの子は、他の子供たちと一緒に自分の手元に置いて育てることを宣言し、そのとおりとなった。本郷の岩永家には、日曜や休暇などに寝泊まりして、養父母との交流を重ねた。

同胞八人中、裕吉は腕白であった。園子は子供を叱責することはなかったというが、裕吉には手をやき、その扱いはいささか例外であったようである。決して仲が悪かったわけではないが、普段兄の「権力」に屈服していた末弟の善郎は、母に叱られる裕吉をみては痛快がっていたという。

内田山で再び過ごすこととなった裕吉は、麻布小学校を経て兄又郎と同じ正則中学に進んだ。やはり兄同様「一高」への進学を視野に入れてのことであった。ただし中学に進学してのちも裕吉のいたずら好きは引きつがれた。一度雪だるまを転がして、学校の飲み水に使用していた井戸へ投げ落としたことがあった。それで停学の処分をくらった。専斎は校長に呼び出しを受けた。専斎が呼びだされた晩、裕吉は専斎と、たまたま実家に立ち寄った長兄の称吉から、大目玉をくらった。裕吉はこのときのことを後になって弟の善郎に、あのときは参ったと笑っていたそうである。

　裕吉は明治三十三年（一九〇〇）、「一高」を受験するも失敗する。その翌年も不合格であった。裕吉は楽しくそれまで学校生活を過ごしていたが、学業にはあまり熱心ではなかった。また二度目の受験の失敗のときには、学習院に在籍していた末弟の善郎も原級留置となった。裕吉と善郎は専斎の前に引きだされた。専斎は、「兄弟揃って落第か」と一言寂しげに言葉を残し、立ち去ったという。この明治三十四年（一九〇一）は、三男の又郎が東京大学医学部へ進んだ年であった。又郎の秀才ぶりと比較をすれば、裕吉と善郎は恵まれた環境に育まれた「おぼっちゃま」といったところであった。

　二度受験に失敗した裕吉はいよいよ受験勉強にまい進するようになる。育った環境は明治の世にあって良質である。親の社会的ステイタスは決して低くはなく、両親や兄弟との関係もよく、そして貧乏ではなかった。経済的な理由で高等教育を受けることができないという環境とは無縁であった。ただ自身の奮起のみが必要であったのである。

裕吉の努力は報われ、明治三十五年（一九〇二）、三度目にしてようやく「一高」への合格を手にする。「一高」への合格の報に接した専斎は安どした。ただし専斎の病状はこのときすでに思わしくなく、その年の九月、帰らぬ人となった。「一高」への合格は裕吉の専斎への最後の孝行となってしまった。

「一高」に進学した裕吉は寮での生活が多くなった。寮生活を基本とする「一高」にあって裕吉は東京に実家があったことから、帰ることも容易であったが、それまでの生活と比較をすれば、実家で過ごす時間は減った。

ようやく「一高」に進学した裕吉であったが、いささか鷹揚な性格であったのか二年のとき、留年を経験する。その結果、裕吉の「一高」在籍は明治三十五年（一九〇二）から三十九年（一九〇六）までに及ぶ。しかし人よりも一年多く在籍したことで、親交を深めた友人も増えた。のちに後藤新平の娘婿となる鶴見祐輔とも寮生活を共にし、卒業後も交わりは続いた。

「一高」を卒業した裕吉は京都大学法学部への進学を決める。東京大学法学部の最短修業年限が四年であったのに対して、当時京都は三年であったことから、一年留年した裕吉はここで後れを取りもどし、「一高」の同期入学の友人たちとともに学士を取得するという予定をもったらしい。そして三年をもって学士となり、父専斎の有能な部下であった後藤新平の取り計らいで南満州鉄道、通称「満鉄」に就職することにした。

「岩永通信」を興し、のちの同盟通信へ

満鉄への就職を差配する際、後藤は裕吉に高等文官試験への合格を要望した。そのため裕吉はこの試験に臨むのであったが、またもや一度目は失敗し、二度目の受験においてようやく及第することができた。

高等文官試験とは、明治時代の官吏任用のための資格試験である。官吏の任用にあたっては、試験以外の活動を評価するものと、試験によるそれがある。前者は米国で重視されていた猟官制にみてとることができる。猟官制はアメリカ合衆国ではスポイルズ・システム（*spoils system*）といった。*spoil* とは狩猟などにおける獲物を意味する。合衆国では官職は「獲物」であると位置づけられていたのである。

第七代大統領を務めたジャクソン（Andrew Jackson, 1767-1845）は、大統領選挙への貢献を評価することで、官職を希望する者を登用することを重視した。彼は、選挙戦

に勝利した大統領に貢献した者が官職につくことができるとする制度こそが民主的であると考えたのである。こうした民主主義観をジャクソニアン・デモクラシーという。合衆国では伝統的にジャクソニアン・デモクラシーとこれに基づいた猟官制的色彩が強い。しかし合衆国にあってこの猟官制を修正する機運が十九世紀後半に訪れる。大統領に選出されたガーフィールド（James A. Garfield, 1831-1881）が支持者への論功行賞に失敗し暗殺されたことや、猟官制の下採用された官吏の職務怠慢といったことが重なったためである。そこで上院議員のペンドルトン（George H. Pendleton, 1825-1889）が、官吏任用制の変更をもたらすべく法案を提出し、試験による任用制度の浸透を図ったのである。このときの法案はペンドルトン法と称され、以後、合衆国にあって試験の成績に基づいた官吏の任用をそれ以前と比較して重視することとなる。これを資格任用制という。一八八三年のことであった。このペンドルトン法から遅れること十年にして日本でも資格任用制が採用される。これが高等文官試験制度であった。

徳川幕藩体制を否定した明治政府は、国家事業を進めるための官吏が必要であった。そのため旧幕臣層などから、有能な人材を登用することをまずはじめた。これを徴士・公士の制度という。続いて、明治十年には東京大学を設置し、法科を中心に官吏の養成を図る。そして明治二十年には東京大学を卒業した者は無試験で官吏となる道を用意したのであるが、私立大学からの反発が強く、明治二十六年、先の高等文官試験制度を用意することとなったのである。この制度ができたことで、東京大学出身者であっても試験を受け、その成績に基づき官吏として採用されるようになった。この高等文官試験を経て官吏となった者は、「高文組」と称され、将来の幹部候補として位置づけられた。裕吉は二度目にして、「一高」での寮生活を共有した鶴見祐輔と共にようやくこの難関試験の合格を手にした。裕吉が合格を果たしたときの首席は鶴見であった。

高等文官試験に及第すると裕吉は満州にわたり、その後、後藤が鉄道院総裁となると呼びもどされ、鉄道院総裁後藤新平の秘書官として官僚生活を送ることになる。実は大臣や総裁の秘書官になるためには、必ずしも高等文官試験合格者でなくてもよかったのであるが、裕吉は「高文組」であったことから、その採用にあたって問題となるようなことはなかった。しかし官僚となるもその翌年には官途を辞し、大正八年、第一回の外遊のためニューヨークを訪れる。このとき同行したのは「一高」時代の友人、鶴見祐輔であった。外遊を通じて国際的な人脈を形成すると、通信事業に取りかかるようになった。「岩永通信」と称された裕吉のはじめた事業は、その後、同盟通信の結成につながる。戦後、日本を代表する通信社として共同通信と時事通信が知られるが、これらは同盟通信が分割してできたものである。

通信事業で活躍する裕吉は、貴族院議員に列席するようになったが、昭和十四年、この世を去った。世界の通信事業界とかかわりをもった裕吉の葬儀には、ロイターの他、APのゼネラル・マネージャーであったクーパー（Kent Cooper, 1880-1965）からも花輪が贈られた。裕吉は生前、このクーパーがキャデラックに乗っていることを知ると、同じものを注文し、軽井沢までの旅路に利用していたという。裕吉が他界すると「岩永裕吉伝」の編纂委員会が立ちあがった。このときの委員は、伊藤正徳（一八八九―一九六二）、緒方竹虎（一八八八―一九五六）、金井清（一八八四―一九六六）、田中都吉（一八七七―一九六一）、田島道治（一八八五―一九六八）、高石眞五郎（一八七八―一九六七）、鶴見祐輔、古野伊之助（一八九一―一九六六）、松本重治（一八九九―一九八九）であった。ここでの裕吉は「畢生の事業としての国家的通信統一を完成」した人物として描かれる。専斎が裕吉の「一高」合格にその将来を安どしたことはすでにふれた。専斎のもくろみどおり、裕吉は満鉄経営、官僚、そして通信事業と種々の業界で活躍し、その名は海外にも知られるようになったのである。

善郎

学習院から東大に進み白樺派の作家へ

長与家の末子善郎は明治二十一年八月六日に生まれた。長じて「白樺派」の文人となると、『竹沢先生といふ人』、『青銅の基督』、『わが心の遍歴』などの作品が有名となる。

善郎は欧化主義の尖端の象徴である麻布宮村町の邸で生まれ、十歳のとき、日ケ窪に引っ越しをする。

善郎は内田山から麻布幼稚園に通った。この幼稚園では、後に学習院で再会し、また「白樺」の同人となる柳宗悦《やなぎむねよし》（一八八九―一九六一）と一緒であった。幼稚園を終わると善郎はその頃邸《やしき》のすぐ前にできた南山小学校に入学した。小学生となった善郎は父専斎から論語の素読を教わったことを懐かしみながら述懐する。専斎はいつでも膝を崩さず、あぐらをかくこともなく、端然と四角く座ることを旨とした。机を真ん中に置き、善郎の前に端坐《たんざ》した専斎が、「朋有り遠方より来る亦たのしからずや」あるいは、「人知らずして慍《いか》らず亦君子ならずや」などと朗読すると、善郎はそれに続いて同じように唱える。専斎は言葉の意味を説明することはなかったが、その平淡な言葉のもついいようのない味が気に入って幼いときの善郎は、論語を教わることが楽しみとなった。また春のある日、寝室で父母の間に寝ていた善郎が眼を覚ますと、専斎は母の床にもぐりこんでいる善郎をみながら、にやにや笑い、又自ら腹を按摩しつつ明るく陽のあたった天井を仰ぎ、「春眠不覚暁、所々聴啼鳥」としばしば口ずさんだ。幼い善郎は度々聞くのでそれも覚えてしまったそうである。

ある夏、沼津静浦の「保養館」に専斎と滞在した善郎は巌谷小波《いわやさざなみ》（一八七〇―一九三三）のお伽噺「一休和尚」を読んでいた。専斎はその「はしがき」の「一休和尚あって二休和尚なきはこれいかに」「大徳寺あって小徳寺なきが如し」という文に目を止めると、八つか九つの善郎を捕まえ、「善郎あって悪郎なきはこれいかに」と語りかけたそうである。善郎はこれに「専斎あって万斎なきはこれいかに」といいかえすと、これを受けた専斎は「万斎なきが如しさ」と訂正するのであった。帰京した専斎はこのことを楽しげに家族に語ったという。

南山小学校で五年に進級したとき、善郎は学習院初等科に転じる。学習院では麻布幼稚園で一緒であった柳宗悦と再会し、木戸幸一（一八八九—一九七七）や途中から編入してきた原田熊雄（一八八八—一九四六）などとも親交を深める。成績はそれほど悪くはなかったが、数学が苦手で、またいたずら好きも高じて、六年に進級する際に一度留年した。このときは兄の裕吉も「一高」受験に失敗した年であった。二人を前にして専斎が落胆したことはすでにみたとおりである。三度目にして裕吉が「一高」に合格を果たした年、専斎は六十五歳にしてこの世を去った。善郎が十五歳の時であった。父の死に接して善郎は、勉強することを決意する。とにかく勉強しなければならないと強く心に抱いたという。

善郎は父専斎を敬愛していた。善郎は専斎が期待したとおり、医家として、また東大教授として学術の世界に大活躍する又郎と父専斎を比較しながら、父親の偉大さを語っている。

又郎とは一寸本能を異にする弟の僕は、もっと公平な純客観から推して、父を決して兄貴に劣る人物とは思はないのである。それなら又郎が父より低級な人物であるかと云えば、そうも云えない。父が玄人だけにしかその真面目が解されない底のたちであるのに、又郎は誰が見ても所謂「よく出来た」善い人、立派な人であり、且つその上に玄人が見てもボロの目につくような男ではなかった。つまり素人にも玄人にも感心されるだけ、父よりスケールが大きいといえば大きいともいえる。しかしそういう風に量的にものをみるということが僕の所謂素人の見方なので、たとへば人を容れることの包容力とか、ものの理解の範囲や教養の広さとか、一見してその誠実な性質が分かるとかいう徳の他に、もう一つ別の人格先天の大きさとか、香気風韻の高さとかいうものがある。

（『長与又郎伝』より）

善郎はこの「人格先天の大きさ」とか、「香気風韻の高さ」とかいうものを「寡黙な秀才」として知られた又郎ではなく、父専斎の中に見てとった。善郎は父親専斎から人としてのいわゆる「心境の高さ」のようなものを感じていたのである。

善郎は学習院高等科二年のころ、そろそろ将来の進路が具体化されそうな時期に至っても、ただ漫然と法科志望に籍を置いていた。そこへ西田幾多郎《にしだきたろう》（一八七〇―一九四五）と鈴木大拙《すずきだいせつ》（一八七〇―一九六六）の二人が学習院で教鞭をとるためにやってきた。善郎は西田からドイツ語を、鈴木からは英語を習った。善郎はそれまで内村鑑三（一八六一―一九三〇）の影響を受けながら人生の問題への思索にふけってきたが、ここにきて西田と鈴木という内面的深さを感じることのできる師に出会い、影響されていく。

善郎が高等科三年へ進んだ明治四十三年、雑誌「白樺」が創刊される。同人には、武者小路実篤（一八八五―一九七六）、志賀直哉（一八八三―一九七一）、木下利玄《りげん》（一八八六―一九二五）、正親町公和《おおぎまちきんかず》（一八八一―一九六〇）、有島武郎（一八七八―一九二三）、有島壬《い》生馬《くま》（一八八二―一九七四）、里見弴《とん》（一八八八―一九八三）、園池公致《そのいけきんゆき》（一八八六―一九七四）、児島喜久雄《こじまきくお》（一八八七―一九五〇）、柳宗悦《むねよし》、郡虎彦（萱野二十一《かやのはたかず》）（一八九〇―一九二四）等十数人であった。皆、学習院の高等科卒業、もしくは在学中の人々である。善郎は幼稚園以来の友人柳宗悦や同級の郡虎彦を通して「白樺」を知るようになり、その活動に傾倒していく。それまで法科志望に籍を置いていた善郎は、突如思いたち、文科を志望することを決意するのであった。

長兄の称吉は他界する直前、好調な病院経営の賜物として富士見町にドイツ式の大邸宅を建てていた。ある日、志賀直哉や同級の郡や柳が見学にやってきた。このとき、先輩の志賀にそれまでに書いていた自身の作品を見せる。志賀はいったんもち帰ったが、その志賀の批評が届く前に、武者小路のものが先に届いた。明治四十四年正月三日の善郎の日記には次のように記されたという。

午後に武者小路君が富士見町の邸を訪問されて始めて心行く限り語った。吾輩も少なからず力を得た気持ちになった。実に面白い。わが性の向はむとする人である

（『長与善郎（評伝・人と作品）』より）

善郎は「白樺」創刊一周年目の四月に「白樺」同人となった。

「白樺」同人は、生活に恵まれた者たちの集まりであった。豊かであるが故の自由を享受しており、文学にしろ絵画にしろ、そのときの感情に支配される傾向を有する。そして「自我の開花」を目指した。素晴らしいと思ったものは文学に限らず、ゴッホやセザンヌなどの絵画も『白樺』誌上で随時紹介していった。

善郎の親類にも「白樺派」の作家がいた。称吉の娘仲子の夫犬養健である。仲子の

娘の道子は「白樺派」の自由な環境で育てられ、学習院に入学したとき、天皇の名前や君が代を知らなかったことで、教師を驚かせたという。道子は白樺派同人にみられる社会的権威におもねることのない、いわばゼロサム的ともいえるような価値観でもって世に主張を投げていたのである。善郎は姪孫の道子に、「模倣は自殺なり」といって、「自己の個の徹底」を教えたという。

学習院高等科を終えると善郎は東大英文科に進学する。しかしある日、園子や兄の又郎に相談、ついに中退し、以後、創作活動にまい進することを決意した。

善郎は自らの生まれを次のようにふりかえる。

俺は明治二十一年の日本東京山の手に欧化主義の熱心な先駆者の一人であった相当の名家の末っ子に生まれた。

金持ではなかったが、俺の家はその時代の日本として最もハイカラな西洋式な家だった。

俺の家は大部分洋館で多ぜいの同胞はむろんのこと俺の母まで時にはおかしな洋服を着けたいはゆる鹿鳴館時代だ。

その時分はにはかに西洋人との交際が盛んでダンスが流行り貴婦人たちはよく碧い眼の児を産んだと云ふ。

俺の母は俺の懐妊中慣れないコーセットをはめたために浜離宮の観桜の御宴で目まひがして倒れさうになったのをさる外国の武官に扶けられたとか云ふ笑ひ話もある。

子供の時分は父の職掌上のつき合ひで外国の役人や学者がよく自家に招かれた。

俺はそのめづらしい紅毛の客をのぞきに小さい姉と食堂のわきにこっそりと行って扉のすきから中の面白い光景に見入ったものだ。

（『長与善郎（評伝・人と作品）』より）


善郎は「欧化主義」や「ハイカラ」といった価値観の中で成長したのである。

専斎の八人の子供の個性的な生涯

以上、専斎の子供たちについてみてきた。

長兄称吉はドイツに留学し、帰国後、日本の胃腸病研究の先駆けとなり、長女保子は、松方正義の嫡男巌に嫁し、二男程三は貿易事業に奔走し、横浜「茂木王国」の幹部として信望を集めた。三男又郎は、医学者として研鑽を積み、東京大学医学部長、そして同大総長をも務めた。四男裕吉は、京都大学法学部を卒業したのち、高等文官試験に合格し、「高文組」として官僚生活を送り、通信事業に関心を示すようになると同盟通信社初代社長となる。三女の道子は医学者平山金蔵の許に嫁ぎ、兄称吉のはじめた胃腸病院の継承に貢献した。そして末子の善郎は、白樺派の文人として世に知られるようになる。ただ二女の藤子の死が悼まれた。

専斎の子女は、それぞれの持ち味を生かすことで活躍した。長与家の家業である医業を継ぐ者、侯爵家に嫁ぐ者、官僚となる者、民間で活躍する者、文壇で知られる者などである。

専斎は、衛生官僚として職務にまい進しただけでなく、八人の子供たちの父親であり、またその家族の家長でもあった。長与家には近代日本を代表する衛生官僚としての専斎の名声や財力、そして園子の功労を背景にした自由な雰囲気が漂っていた。

専斎の家系図

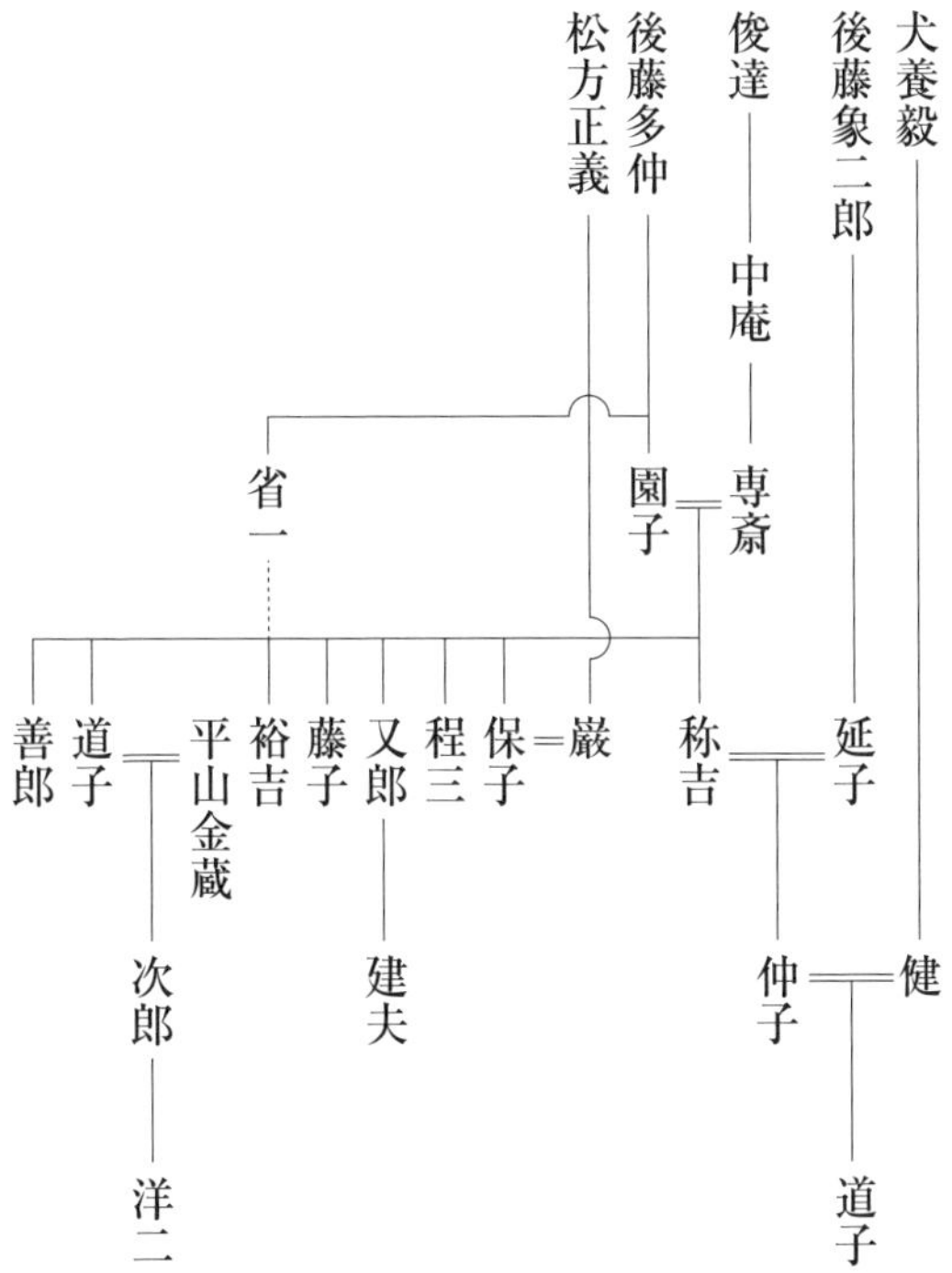

※記載は本文に登場する人物とした。

第八章

内務省衛生局長退任とその後の活動

後任の衛生局長

後藤新平の「生理的動機」と「生理的円満」の理論

住民の健康への政府の介入を正当化する視点を、西欧諸国における調査の際に見出した専斎は、医学等学術の「政務的運用」を効果的に進めることで、住民の「健康保護」の増進を企図した。そしてこれを具体化するためには、地方行政と警察行政、そして住民との連携が必要であるとした。さらに政府の活動だけでなく住民の「自覚」をも求めた。専斎は、伝染病予防に対する「官」と「民」の協調の必要性を説いたのであった。そしてこの専斎の構想は、自らその才能と行動力を見出した後藤新平にも共有されていた。

後藤は内務省衛生局の官僚として、行政実務の面で活躍したが、それにとどまることなく、住民の健康を増進するための理論の側面からも

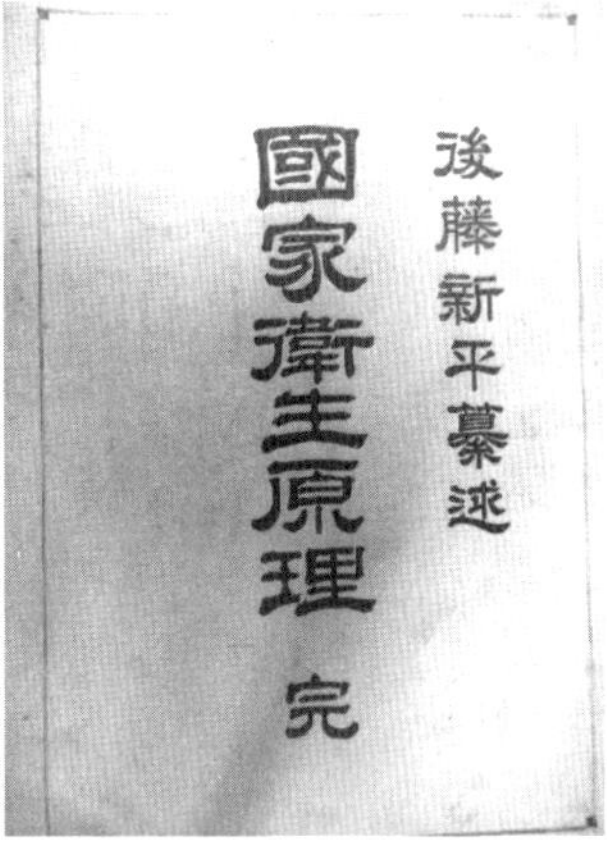

後藤新平『国家衛生原理』

貢献する。この後藤の取り組みは、『国家衛生原理』や『衛生制度論』によって確認できる。

『国家衛生原理』は、後藤の衛生思想を知る上で取り上げられることが多い著作である。後藤はこの中で、人生の目的を「生理的動機」によって裏打ちされた「生理的円満」であるとする。後藤にして「生理的動機」とは、「生体ニ賦与セラレタル天性ヲ発スヘキ力」であり、「人ノ百行ヲ胎出スル本源タルノミナラス百行ヲ制止スル本源トモナル」役割を担う。そしてこの「生理的動機」に導かれることで、「心神及五官ノ感覚肢体ノ動作生殖給養ノ機能健全ニシテ外来ノ害因ヲ節制シ生活上不足ナキ」状態、すなわち「生理的円満」を達成することができるとするのである。ただし後藤は、「生理的動機」が存在すれば「生理的円満」が達成されるという安易な見解をもちあわせていたわけではない。後藤は、「生理的動機」を「生理的円満」に導くためには、「衛生法」が必要であるとしていた。

後藤によって示されたこの「衛生法」は、「生理的動機ニ発シテ生存競争自然淘汰ノ理ニ照準シ人為淘汰ノ力ヲ加ヘテ生理的円満ヲ享有スルノ方法ヲ総称スルモノ」であった。すなわち後藤は人類の「生存競争」や「自然淘汰」を「衛生法」によって調整し、一人でも多く「生理的円満」を享有することができるようにするための仕組みが必要であるとしていたのである。

専斎の「公衆衛生法」を受けた「衛生制度」の提唱

後藤は、専斎が大日本私立衛生会設立に際して「公衆衛生法」の必要性を説いたのと同様、住民各自が自身の取り組みによって自らの「健康保護」を実践できないことがあることを認め、その際には、国家の住民生活への介入を要求した。後藤はこの介入を「衛生制度」と表現する。後藤にしてこの「衛生制度」は「衛生事務」と「衛生警察」からなるものであった。

ここで提示される「衛生事務」と「衛生警察」の含意について後藤は、『衛生制度論』の中でより詳細に説明を加えている。この『衛生制度論』は後藤がドイツへ留学する直前に書きあげたものであった。従来『国家衛生原理』に比較して取り上げられることが少なかったが、『衛生制度論』は後藤の「健康保護」事業をめぐる構想を知る際には有益である。

後藤は『衛生制度論』において「衛生制度」を行政機関やそうした機関によって制

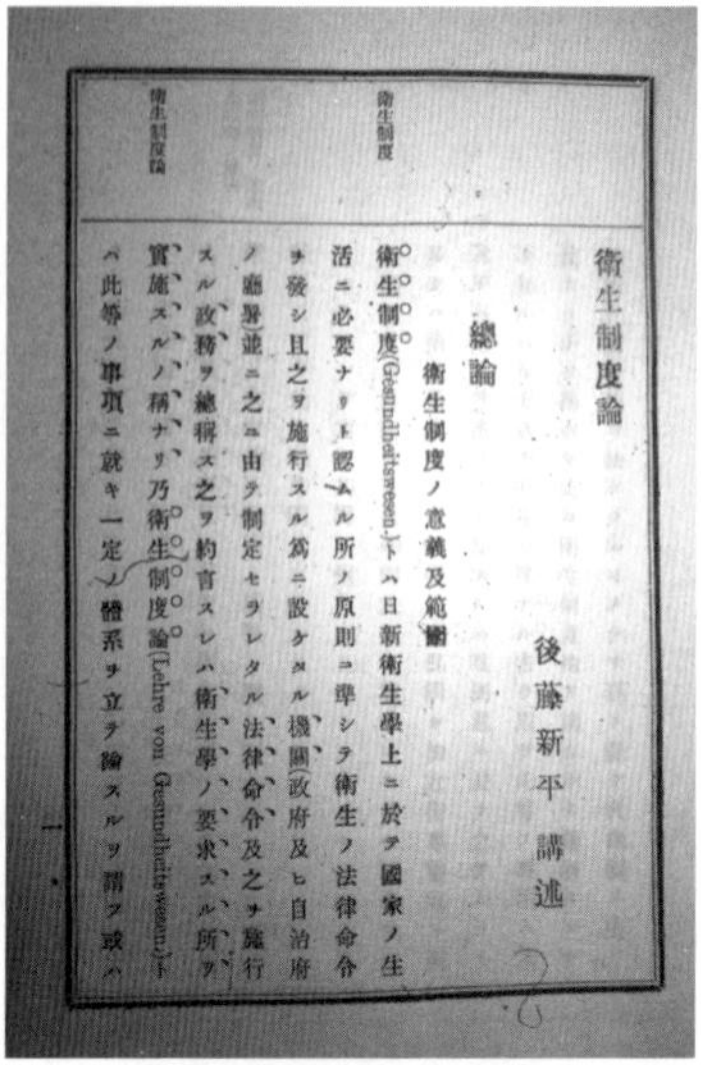

衛生制度論

後藤新平　講述

衛生制度

衛生制度論

總論

衛生制度ノ意義及範圍

衛生制度(Gesundheitswesen.)トハ日新衛生學上ニ於テ國家ノ生活ニ必要ナリト認ムル所ノ原則ニ準シテ衛生ノ法律命令ヲ發シ且之ヲ施行スル爲ニ設ケタル機關(政府及ヒ自治府ノ廳署)並ニ之ニ由テ制定セラレタル法律命令及之ヲ施行スル政務ヲ總稱ス之ヲ約言スレハ衛生學ノ要求スル所ヲ實施スルノ稱ナリ乃衛生制度論(Lehre von Gesundheitswesen.)トハ此等ノ事項ニ就キ一定ノ體系ヲ立テ論スルヲ謂フ或ハ

後藤新平『衛生制度論』

定された法律や命令、さらにはそれらを施行する政務を総称するものであり、「衛生学ノ要求スル所ヲ実施スルノ称」であるとした。専斎は「健康保護」事業を、医学等学術を「政務的に運用」することとしたが、後藤は「衛生学」の要求するところを法律や命令等を通じて実現しようとするものとしたのである。そしてこの「衛生制度」は先にみたように、「衛生事務」と「衛生警察」の視点を以て整理されていくのであった。

「衛生警察」を論じるとき、後藤はその含意について、「警察」概念の変遷に合わせて広義と狭義の別があるとする。すでにみたように「警察」は国家や行政の意味で理解されていた時期がある。ところが時代が下るに従い、「警察」の含意はより限定的なものとなり、『衛生制度論』の執筆・出版にあたった明治二十年前後にあっては、「一己人ノ防ク能ハサル未発危害ヲ察シテ之ヲ防遏スル所ノ陰性職務」を指し示すようになっていた。ここに狭義「衛生警察」の取り組みが見出されるようになった。狭義「衛生警察」は、住民一人ひとりでは対応しがたい「未発危害」を防ぐ役割が期待される。そしてこれは、「陰性職務」として位置づけられたのである。

後藤は「人民自治自衛ノ力ニ富ムトキハ虎列刺病流行時ニ於テ未熟果物飲水ノ制限ヲ要セサルカ如ク之ニ反シテ自治自衛ノ力ニ乏シキ時ハ之（狭義「衛生警察」―筆者注）ヲモ必要トスルカ如シ」として狭義「衛生警察」の必要性を認めた。後藤は、「人民」の「自治自衛ノ力」が発揮可能な時には、この狭義「衛生警察」の必要性は乏しいとする。しかし「健康保護」に際して「人民」の「力」が限定的であるとするならば、「陰性職務」を果たすアクターが要求されるようになり、後藤は、この職務を果たすのが狭義「衛生警察」であるとしたのであった。後藤が考えたように「健康保護」事業には「人民」の役割が必要とする立場は、専斎の「官」の役割だけでなく、「民」の役割も重要であるとした構想と方向性を同じくしていたといえよう。

ただし後藤は狭義「衛生警察」の必要性を認める一方で、その限界にも言及することを忘れていなかった。後藤は、狭義「衛生警察」は、すでに発生している伝染病患者等を隔離することはできるが、伝染病の流行等健康被害について「根治的ニ除去」

することはできないと考えていたのである。家屋の構造、しばしば汚水を排水することとなる工場の管理、そして伝染病予防などについて「禁令」を発するだけでなく、その「禁令」の意味を理解し、住民が従いやすくするような環境を作っていかなければ、必要とされた狭義「衛生警察」が、かえって「衛生上ノ普及上ニ困難ノ関係ヲ来ス」こととなりうることを後藤は知っていたのである。

上下水道の整備、便所の改良など環境を整えること

後藤は、住民の「健康保護」を図るために、狭義「衛生警察」に加えて、「衛生事務」の観念を設定する。ここで措定される「衛生事務」では、上水道や下水道の整備、便所の改良など、住民が健康に留意できるような環境を整えることが想定されていた。こうした環境なくして、住民に飲料水の注意や厠の清潔を説いたところで、「健康保護」や伝染病予防に住民が自発的に取り組むことは困難であるとしたのである。またこの「衛生事務」には、病院への入院、そして治療、検梅等も含まれていた。後藤は、「衛生事務」では、疾病の予防を重視し、隔離等、患者発生後の取り組みは狭義「衛生警察」が主導するとした。

後藤は狭義「衛生警察」と「衛生事務」を車の両輪として「健康保護」事業を進めることを企図していたといえよう。加えて後藤は、そうした事務を運用する際に重視されるのが「学術」であるとする。「衛生制度」とは、「衛生学ノ要求スル所ヲ実施スル」ことであるとしたように、後藤は「衛生制度」を運用するにあたり「学術」の果たす役割に期待していたのである。すなわち後藤は、「衛生制度」においては「衛生学的、医学的其他ノ万有学的学術ノ帮助」が重要であると理解する。その結果、「衛生制度内ニ新事項ヲ起ス」際には、「学術的審事ヲ明ニ」することが必要であるとした。もちろん「禁令」を出すことが求められる狭義「衛生警察」に対しても「学術的審事」が必要であるとしていた。

後藤は、「抑々警察官タルモノハ其職権ヲ要スル場合（即チ執行セサル可カラサル場合）ヲ明察シ時機ヲ過マラス適当ノ方法ヲ以テ其間ニ処」すことが求められており、「衛生警察ニ学術的帮助ヲ欠クトキハ機ニ先テ其場合ヲ明察スルコト能ハサルカ故ニ其本分ヲ尽スコト能ハサルナリ」との見解を示しながら、学術が果たす役割の重要性を強調するのである。

後藤はこの「学術の帮助」について、いかなる場合に必要であるかを「政治上ヨリ」

判断しなければならないとの立場に立つ。後藤にあっては、衛生学や医学といった学術上の知見は、「当局」の政治判断に付され、「其区域ト目的ト順序トヲ定メテ之ヲ施行スルニ寛厳宜キヲ得」るよう努めなければならなかったのである。また「其局ニ当ルモノ」は、「衛生制度学ニ関スル諸学術ノ何物タルヤノ大意ニ通スルコトハ固ヨリ肝要」とするように、「健康保護」の事務を担当する者にも医学等の学術的素養を要求した。

専斎の腹心として「健康保護」事業を後藤が継承

専斎は医学等の学術を政策に反映させ、住民の疾病にみられるような衛生問題に対応しようとしたが、後藤も、その言動から明らかなように、「学術」に基づいた専門的知識を「政治上ヨリ」判断し、住民の疾病対策等を進めようとした。専斎とその腹心であった後藤とは、「健康保護」の事業に対する基礎的理解は共有されていたといえよう。

しかし後藤の場合には、専斎以上に医学等の学術と「健康保護」事業との関係をより精緻に分析していた側面も見出される。「審事者ヲ適当ニ採用シ其意見ニ就テ採否ヲ決スルニ足ルヘキ能力ヲ有セハ冥模暗索遂ニ無用ヲ起シ有用ヲ廃スルノ弊ヲ免ルヽニ庶幾ラン乎此際純粋ノ衛生学ヨリ衛生制度トナルモノナリ」との見解に現れるように、後藤は、医学や衛生学の知見を政策に反映する際に、「審事者」の役割を持ち出すのである。後藤は「審事者」に求められる能力として次の点を挙げていた。

衛生制度ノ審事者タルヘキ人トハ中央政府及ヒ地方自治体ノ衛生技術官トナルヘキ人ヲ云フナリ……（中略）……衛生上ノ目的ヲ達セントスルニハ単純ナル医学上ノ学理ノミヲ知了シ医術ヲ施行シ得ルヲ以テ足レリトスルコトヲ得ス
・如何ナル空気、飲水及ヒ土地ハ伝染病ヲ発生スルカ（黴菌学其他ノ関係）
・如何ナル工業ハ遠近ノ住民、工夫、物品費消者等ニ深キ危険ヲ致スコトアルカ
・如何ナル排泄物、其除去方法並ニ飲水供給方法ハ危険ヲ被フラシムルカ
・如何ナル発光質、如何ナル暖室装置ハ火災ヲ発シ易ク且ツ人身ニ危害ヲ及ホスカ
・如何ナル監獄構造、如何ナル学校ノ構造、如何ナル飲食品ハ漸次人身ノ健康ヲ害スルカ等ヲ推究シテ常ニ百般ノ利害得失ヲ明ニセサル可ラス……（中略）

……審事者タランモノハ生物学上ノ諸関係ニ明ニシテ適者生存ノ理ヲ究メ之ヲ日常人事ノ上ニ応用セシムヘキ智能ヲ具ヘサルヘカラス

（『衛生制度論』より）

後藤は、医学や衛生学といった学術と政策とをつなぐ役割を「審事者」に期待したのである。とくに狭義「衛生警察」との関係において、「衛生ノ学術的審事者ハ衛生制度殊ニ衛生警察ノ探偵者トシテ考フルコト甚タ宜矣」とする。後藤にして「審事者」は狭義「衛生警察」の「探偵者」だったのである。

ただし、「衛生制度上ニ要スル学術ハ甚タ大ナルコト明ナリ故ニ之ヲ一人ニ具備シ衛生ノ顧問ニ充分ナル審事者タルコト固ヨリ難シ而シテ若シ一人ノ外ニ審事者ヲ置クコト能ハサルトキハ医師タルコトヲ要スヘシ」として、先に示した知見を備えた適当な人物を得ることが困難であるときには、医師にその役割を期待していた。専斎も「健康保護」事業の推進に際して医師の果たす役割が重要としたが、後藤も現実的な対応としては、医師に着眼するのであった。

専斎は住民の「自覚」を問い、後藤は住民の「自治自衛ノ力」に期待する。そして効果的に衛生問題に対処するために、「衛生警察」や医学等の学術、あるいは医師の活用を予定した。衛生吏員や「審事者」など「官」の役割と住民の「自覚」など「民」の役割を求めることで「健康保護」事業の進展を期した後藤と専斎には共有される面が多かったといえよう。

『衛生制度論』を執筆し終えた後藤は、ドイツに留学する。現地に入ると衛生局の後輩であり、同時にライバルであった北里柴三郎を頼り、ベルリン大学を訪れ、細菌学への貢献で知られたコッホとの面識を得る。しかし北里が細菌学に没頭する一方、後藤はそうした研究のみならず、伝染病予防のための諸制度やさらには社会政策へと関心を広げていった。その後藤はドイツでの調査・研究に区切りをつけると、帰国し、三代目の衛生局長の椅子に座ることとなった。専斎は自らの構想をより精緻に継承した後藤に衛生局長のポストを用意したのである。

伝染病研究所

北里柴三郎の活躍

明治二十四年（一八九一）、専斎は後藤を自らの後進として期待し、衛生局長の職責から解放される。しかし専斎の「健康保護」事業を推進するという取り組みが終わったわけではなかった。専斎は衛生局長退任以後も、精力的に近代日本における住民の健康を図るべく衛生事業の普及に努めたのである。その成果の一つが、ドイツ留学より帰国した北里柴三郎のために用意した伝染病研究所の設立であった。

熊本県に生を受けた北里柴三郎は、熊本医学校を経て東京医学校へと進んだ。在学中に東京大学が設置されたため、北里は東京大学医学部の学生となる。加えて北里は東京で西洋医学を学ぶかたわら、将来の医学や医者の役割について、「同盟社」なる組織を結成し、盛んに議論をしていたようである。明治十一年の「医道論」では、住民の健康には「健康保護」の事業が必要であるとの認識も明らかにしていた。

天下ノ蒼生ヲシテ各其健康ヲ保チ其職ニ安ンシ其業ヲ務メシメ以テ国家ヲ興起富強ナラシムルニ在リ

（「医道論」より）

まず「健康保護」事業の理念を国家の「富強」とする考えは、後にみるように、専斎の考えとも一致する。また北里は伝染病が流行した後であわてて対策をとることは、泥棒をとらえて後に、縄をなうようなものであり、「下策」として批判した。すでにみたように後藤は、田畑に猪や鹿が侵入した後で弓矢を用意するような施策を批判し、「健康警察医官」の設置を進言した。北里も後藤も、大事以前の準備、大災害を引きおこさないための施策が重要であるとしていたのである。北里は明治十年代にあって、専斎や後藤の目指すべき「健康保護」事業の理念をすでに共有していたのである。

「健康保護」事業を進めるとする構想をもっていた北里は、東大卒業後、用意された病院長のポストには関心を示さず、自分が学んできた医学上の専門的知識を政策化し、住民の健康に資するべく自らの進路を選択する。北里が選んだのは内務省衛生局であった。

北里と後藤のライバル意識に専斎は心を痛める

東大を卒業すると北里は、専斎率いる内務省衛生局に入局し、衛生官僚としての歩みをはじめた。北里が入局した衛生局は、まさに「医の政治」の実践場であった。入局した北里の直属の上司は、専斎の信頼の厚かったあの後藤新平である。後藤も北里も明治十六年の入省であるが、後藤の入省が一月、北里が大学を卒業したのはこれよりも後であった。そのため北里が入局したときにはすでに後藤は内務省の官吏として活躍していたのである。ところがこの後藤の部下として働くことが北里のプライドをいたく傷つけた。北里からすると東大で「正則医学」を学び医師となった自分が、「変則医学」を学んだ人間の部下として甘んじることはできなかったのである。この二人のライバル関係に専斎も当初は頭を痛めたという。ただしこの負けん気の強い北里の性格とその才能は、本書でもすでにふれたとおり、明治十年より多くの住民を悩ませてきたコレラの原因がコレラ菌によるものであることを日本人に向けて示すといった成果を導いた。コッホの偉業に倣い、コレラ菌を日本国内でも確認することができたのである。

国内でのコレラ菌の確認という成果を出した北里は、今度は「実験室医学」をリードするコッホの下で細菌学を学ぶべくベルリンに渡ることを決意する。日頃より北里の才能を評価していた専斎もその渡独を後押しした。北里はベルリンに入るとコッホの下で精力的に研究に打ちこんだ。そしてベルリンでの取り組みは、破傷風菌の純培養の成功へとつながる。この段になるとコッホの北里への信頼はいよいよ増していったという。北里は明治十八年以降、二十五年に帰国するまで、細菌学に取り組んだ。この間の北里の活動の成果は皆が認めることとなり、近代日本より細菌学を学ぶべく渡独した一衛生官僚は、「世界のキタサト」と称されるまでになった。

ドイツ留学中の後藤新平（左端）と北里柴三郎（右端）
（後藤・安田記念東京都市研究所所蔵）

福沢諭吉に北里の処遇を相談した専斎

ドイツより北里を迎える専斎は、その居場所を確保しなければならないと考えた。ベルリンでの研究成果をさらに日本で発展させるための場所が必要であると専斎はみてとったのである。そこで適塾以来の盟友、福沢諭吉に北里のことを相談した。福沢は『学問のすゝめ』や『文明論之概略』の著者として知られるように、日本を代表するベストセラー作家であり、慶應義塾の創設にみられるように教育者であり、そして『時事新報』の発刊で知られるように啓蒙思想家でもあった。専斎にして福沢は、「日本文明の先達者」であり、あるいは「新知識の輸入者」であった。

専斎から相談を受けた福沢の世を見据えた眼力は、北里の能力を発揮する場を用意する必要があることを見抜いた。福沢は専斎の求めに応じて、北里の研究環境を整えることに同意したのである。このとき福沢は、「金を集めて後に仕事をするよりは、仕事をしてから後に金を集めた方が宜しい」、「区々たる俗論に拘泥して、国家の面目を毀損することがあっては済まぬ」、「学事の推輓は余の道楽の一つなり、私力を以てその手はじめをなすべし、幸いに芝公園内に所有の地所もあれば、ここに必要だけの家屋を構え、ともかくも試験のことを始められよ、固より十分なることはできざるべけれど、そはまた他日の計もあるべし」といって、専斎に応えたという。またとくに資金の面から北里の支援をしたのは幕末から明治期において実業家として精力的な活動をなし、福沢を信頼していた森村市左衛門（一八三九―一九一九）であった。当時、森村は北里との面識はなかったが、福沢の判断、動機、態度を信じて、そして北里の

伝染病研究所（北里柴三郎記念室所蔵）

目的、力量、手腕に注目し、「私は商人であるから学問の事は一向不案内で分かりませぬけれども、外国に超絶して国の光栄となることならばわたくしもいくらか寄付しよう」といって資金援助したという。専斎や福沢、森村といった北里の理解者が尽力したことでできたのがすでにふれたように日本の伝染病研究史上に名を残すこととなる伝染病研究所、通称「伝研」である。設置されたのは明治二十五年（一八九二）のことであった。北里はこの「伝研」で、伝染病予防と細菌学の研究に取り組み、多くの後進の指導にもあたった。また北里は「伝研」で伝染病研究を始

北里研究所（北里柴三郎記念室所蔵）

めた翌年には、わが国最初の結核専門病院「土筆ケ岡養生園」を開設し、結核予防と治療にも尽力する。病院の名称は福沢諭吉によるものであった。結核予防に尽力する北里は、その後日本結核予防協会の設立を主導し、その理事長となる。大正二年（一九一三）のことであった。

北里が慶應義塾大学医学部初代学部長に

伝染病予防へ尽力していた北里の転機は「伝研」の内務省から文部省への移管であった。北里はこれに激怒し、伝研を去り、新たに北里研究所を立ちあげたことはすでにみたとおりである。さらに大正四年（一九一七）、恩義ある福沢諭吉がはじめた慶應義塾の創立六十周年記念事業として医学科の創設が打ちだされると、その実現に向け尽力し、そして初代科長、初代医学部長として学務を精力的にこなし、同時に多くの後進を育てた。北里は慶應義塾大学医学科・医学部を設置するにあたり、「公衆衛生学」をカリキュラムに入れ、予防医学の重要性を伝えることも忘れなかった。

北里は住民の「健康保護」の増進を医師の立場から推し進め、大いに成果をあげた。北里の留学には専斎の協力が必要であったし、帰国後の研究を継続するために重要な役割を果たしたのが、やはり専斎がその設立に尽力した「伝研」であった。「伝研」を拠点として帰国後の北里は活動をおこない、多くの成果を出したのである。

北里柴三郎
（北里柴三郎記念室所蔵）

専斎はこの「伝研」の設立が実現したのは、「ひとえに翁（福沢—筆者注）が高義の賜なる」といって感謝した。専斎にして、北里の活躍の場となった「伝研」の設立は、福沢諭吉の協力抜きに語ることはできなかったのである。専斎の福沢に対する感謝の念は強く、明治三十四年、福沢の死に際して認めた弔詞にもこの「伝研」の件を取り上げている。

明治二十五年細菌学伝来に際し斯学是非の論紛然決せず偶々北里博士斯道の蘊奥を究めて帰朝したるも之を実際に試むるに所なし先生便ち率先自ら資を投じ斡旋是努め博士の業纔かに緒に就くを得たり今日其の名声世界の医界に高き伝染病研究所の濫觴は実に先生の温懐に発すと云ふも蓋し溢美に失せず

（『時事新報』明治三十四年二月十日付より）

「伝研」の設立は適塾以来の友情が発揮されたことで実現した。近代日本医学の発展に貢献した北里の活動は、その出発点において、留学や研究環境の整備にみられるように専斎や、その盟友福沢諭吉の支援なくして成立しえなかったのである。

「富ノ発達」の保護と「文明ノ市街」の建設

「衛生工事」を進めてこそ「文明国」への道

初代内務省衛生局長として専斎は、近代日本に「健康保護」事業を定着させるべく、

「畢生の事業」として自らに課し、取り組んだ。そしてこの取り組みは、後任の衛生局長の選任や北里柴三郎のために研究施設を用意するといった活動のみならず、自身の講演活動等を通じて、衛生局長退任以降も続けていた。

専斎は近代国家建設にあたってサニタリーやゲズンドハイツプフレーゲの活動が重要であるとする。専斎はそうした国家事業に「文明」をみていた。専斎はこの文脈において「心身ノ体用各其度ヲ失ハズ栄養ヲ力メテ精神ノ資ヲ給シ智識ヲ労シテ健康ヲ傷ルニ至ラザル」ことを求めた。そして次のように指摘する。

衛生アラザレバ以テ文明ノ域ニ達ス可ラズ文明アルニ非レバ衛生ノ幸福ヲ全クスルコト能ハズ

（『大日本私立衛生会雑誌』（五）より）

専斎は、池田等の「衛生事務拡張論」を支持する際にも、「衛生事務ノ行否」と「国家ノ盛衰」の関係性に注目した。専斎にして「衛生」と「文明」との関係性は深い。そして日本を文明国として発展させるために、自ら陣頭指揮を執り「健康保護」事業に取り組み続けたのである。

永井久一郎の講演録である『巡欧記実衛生二大工事』の序文では、「衛生工事」の興否は「直ニ文明ノ深浅ヲトスルニ足ル」と認めた。専斎はこの「衛生工事」を伝染病対策の「本体基本」と位置づける。専斎にして「衛生工事」を進めることは、日本を「文明国」とするための取り組みでもあったのである。

衛生局長を退任した翌年、専斎は青森にいた。さらにその翌年には広島の地にあって「衛生工事」を起こすことが重要であるとしていた。これらの地での演説会において専斎は、「富ノ発達ヲ保護スルハ衛生ノ本分」であり、明治期の日本のような「富ノ発達セサル国ニアリテハ最モコノ衛生ノ道ヲ拡張」しなければならないとした。また「衛生工事」の進捗がみられない地区では、住民の「幸福ヲ進捗シテ富ノ発達ヲ計ル念慮ニ乏シキモノト評セサルヲ得」ずともしていた。住民一人ひとりの「自覚」の有無を「衛生工事」の成否と関係させて専斎はみていたのである。専斎にして「衛生工事」が進まない市街は「野蛮ノ市街」であった。そのため広島では長崎などの水道事業先進地域を例にあげ、「衛生工事」の進展を促した。専斎は「衛生工事」が進展することなくして「文明ノ市街」の建設は困難と考えたのである。

晩年

政界に出ていれば大臣にはなったであろう

衛生局長を辞してのちにも専斎は講演活動だけでなく、宮中顧問官や中央衛生会長、さらには自ら設立した大日本私立衛生会頭といった役職にも就き、期待された職責を果たすべく尽力した。鶴見祐輔は専斎を評して次のように記している。

（専斎は─筆者注）聡明にして玲瓏、よく人心の収攬に長じ、調和的の性格と組織的の頭脳とを有し、経綸創始の人としては、たしかに凡を抜くものがあった。

（『〈決定版〉正伝　後藤新平』（一）より）

専斎が衛生局長退任以後も官職から解放されないのは、その才覚と性格ゆえのことであったであろう。『長与又郎伝』は以下のように専斎を評する。

専斎氏は聡明で、人心収攬の手腕もあり、総てに組織的な頭があった。もし途中、政界へでも方向転換をしていたら、もちろん大臣級には易々となっていたであろうが、氏の長男稱吉博士の言葉の如く、氏にはいはゆる横着さが足りなかった。先天的にアクと脂ツ気が無かった。総ての俗臭にみちたことが嫌ひで、また、私欲に全く珍しいほど淡泊であった。そこに氏をして当時の政治家にならせなかった原因があったであらう。出ようと思へば、いくらでも出られたであらう政界へ、少しの野心も起さずに、地味な仕事をこつこつと一生涯かかって成しとげて行った。そこに氏の偉さがあり、また日本のためには幸であったのである。

（『長与又郎伝』より）

専斎は、「調和的の性格」と「組織的の頭脳」をもって、西欧にみた「健康保護」事業の形成にまい進していた。また、私生活においては、内田山の邸宅はすでにふれたように西洋風であり、善郎の評価では、「欧化主義者としてその最も尖端を行きたる謂はば実質的にハイカラなると共に元気なりし父の住宅」であった。衛生局長時代の専斎は、仕事と家庭の両面において、西欧の熱心な信奉者として自らの道を歩んでいたのである。

善郎が描いた専斎の貴族趣味な生活

ところが、衛生局長を辞し、衛生行政の第一線から退き、さらに明治二十七年、二女の藤子が溺死すると、専斎の生活は一気に隠居じみたものとなった。善郎は父親の晩年の姿を次のように指摘する。

> 多病をよいことにして本来の東洋式人文気質の方に足を伸ばし、温泉めぐりなどの傍、庭いぢくりや好きな骨董の道楽に悠々自適した、金にも縁はない方だったが、十分独りを楽しむことの出来る性分であった。
>
> （『見つ、思ふ』より）

晩年の専斎は日ケ窪の自宅で、「東洋式人文気質」をまとい、穏やかに時間を過ごすことを旨としていたようである。

ただ明治期の日本にあって「健康保護」事業のための仕組みづくりに貢献した近代

日本を代表する衛生官僚の生活は、庶民のものとは違っていた。たとえば麻布の南山小学校で過ごしたときの思い出を善郎は次のようにふりかえっている。

セーラーのような洋服を着用し、弁当は大ていローストの牛肉の切れをは挿んだサンドウィッチという西洋風な貴族ぶりであった

（『わが心の遍歴』より）

そして善郎が友人たちの家に遊びにいくと、自身の邸の内にある親類のための長屋とか、抱えの車夫の家より大きくはなかった。

適塾時代の福沢との友情を生涯生き甲斐にした

専斎は、友情を大切にする人でもあった。特に適塾以来の友人である福沢諭吉とは、晩年になるまで水魚の交わりが続いた。衛生官僚としての専斎は、井上馨や伊藤博文など長州系の人脈に支えられる側面があった。そして適塾の同窓や慶應義塾の関係者との交わりの上にも成りたっていた。しかしやはり福沢との友情関係は初代内務省衛

生局長としての職責を全うする上で大きな影響をもったといえよう。

適塾への入塾は専斎のほうが一年先輩であったが、塾頭への就任や適塾を後にしたのは福沢の方が早かった。「大ていの人は、どっちかというとバカにしてみる方だった」専斎であっても、福沢に対してはその才覚を認め、一目置いていた。一方の福沢も伝研の設立に向けた協力にみられるように、あるいは「父（専斎—筆者注）の心事のすべてを本当に理解している唯一の知己が福沢さんだった」と善郎がいうように、専斎の理解者であった。

福沢諭吉
（慶應義塾福澤研究センター所蔵）

また福沢とは適塾時代、ともに悪戯をした仲でもあった。ある日、塾生になんでもかんでも知ったかぶりをする者がいるので、腐らせた豆腐を「之れは僕の国から来たキリンプだが、君は珍味は何でも好きだから一つやり給へ」といって食べさせたことがあったという。専斎は食べた後の相手の面をみて大笑いした。三男の又郎がいうには、こうした悪戯の「共謀

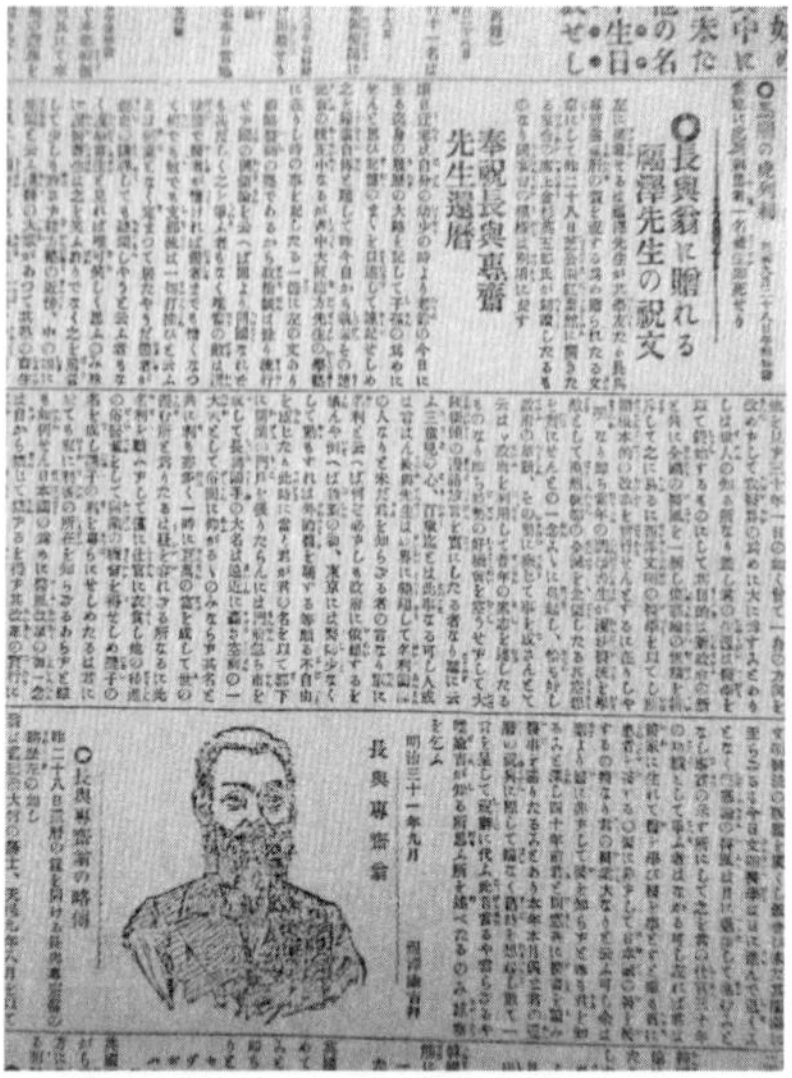
○長與翁に贈れる福澤先生の祝文

奉祝長與專齋先生還暦

長與專齋翁

明治三十一年九月

福澤諭吉

○長與專齋翁の略傳

『時事新報』（明治 31 年 9 月 29 日付）

者」はたいてい福沢であったらしい。

明治三十一年（一八九八）、専斎の還暦を祝うための祝宴が芝紅葉館で開かれた。福沢はこれを祝い、長文の「祝文」を認めた。そして『時事新報』（明治三十一年九月二十九日付）紙上にも掲載した。福沢は専斎のために綴った「奉祝長与専斎先生還暦」の最後でその功績を次のようにたたえている。

> 君は医家に生れて医を学び医を事とすと雖も直に患者を医するの医に非ずして日本国の医を医するの医なり君の医業大なりと云ふ可し
>
> （『時事新報』明治三十一年九月二十九日付より）

福沢の「祝文」に接した専斎は、いたく感激し、喜んだとのことである。しかし、

長与専斎の墓（右）・夫人園子の墓（左）（青山霊園）

生涯にわたり友情と尊敬の念を抱くにふさわしかった福沢が、明治三十四年、この世を去った。

専斎は福沢の死に際して「祭福沢先生文」を認め、「旧友福沢先生逝けり国家の不幸、此れより大なるはなし」と福沢のそれまでの明治国家建設への貢献が大きかったことを綴った。福沢は近代日本を建設する上で抜群の存在感を示した。しかしそれだけではなく、一方では友人を思う気持ちが厚い人間でもあった。専斎は、自身が病に伏した際、坊間《ぼうかん》のコメは危険であるとして、自らコメを舂《つ》き、毎週、それも一年以上にわたり福沢が自分で送り届けてくれたことを印象深く披露する。専斎は福沢の厚情を思い浮かべながら、「今や先生即ち亡し嗚呼斯遊再びすべからず斯人再びみる可らず豈悲しからずや」といって嘆き悲しんだのである。

福沢が逝った翌年、正三位、勲一等瑞宝章に叙せられた専斎は、その後を追うようにあの世に出向いた。明治三十四年九月八日のことである。享年六十五歳。専斎の亡骸は東京青山墓地に葬られた。法名は光徳院殿貫道全智居士である。

（了）

おわりに

長与専斎は、幼少より西洋医学にふれながら成長し、適塾や長崎での医学伝習を経て医学教育の分野で期待され、明治政府の官吏となって以降も活躍の場が与えられていった。そして岩倉遣外使節団に随行し、医事制度を調査する中で、近代国家の建設にとって政府が「健康保護」事業にかかわることが重要であるとして注目するようになる。専斎は、この事業を医学等学術を「政務的に運用」するものと理解する。このとき専斎は、住民の健康への政府の介入を正当化する視点を見出したのである。そしてこれを具体化するためには、地方行政と警察行政、そして住民との連携が必要であるとした。

江戸時代、飲食、入浴、病気の時の心得などを説いた貝原益軒の『養生訓』にみえるように、人々は自身の健康を自身で管理することを旨とした。専斎はこうした住民の健康観を否定することはない。しかし健康管理を、住民の責任に帰するだけでは、日本が近代化したとはいえないと考え、「公衆衛生法」の必要性を認めたのである。

専斎は行政作用を用いて医学等の知見を住民に適用することで、健康を保護しようとしたのであった。専斎が「衛生」としたのはこの「健康保護」のことである。

欧州より帰国した専斎は、医師や薬舗の資格化や「健康保護」事業のための仕組みづくりに取り組み、明治十年以降、コレラの流行に遭遇すると、それへの対応を求められる。コレラは間歇的に流行を繰りかえし、明治十二年には十万人以上を鬼籍へと送った。人々はコレラを恐れ、対策の必要性を認めた。その結果、衛生事業を進めるための制度改革がおこなわれ、内務卿等の諮詢に応じる中央衛生会や地方衛生会、地方行政との連携を強化するための府県衛生課や衛生委員といった行政機関が新設されたのである。これらの機関には医学等の専門的知識を理解できる人材が配置されることとなっていた。また警察は、明治ゼロ年代より住民の健康のために活動していたが、新設された中央衛生会でも委員として加わる。明治十二年以降、こうした機関の設置によって、地方行政と警察行政との連携を視野に入れながら、医学等学術の「政務的運用」を進めるための機運が訪れた。

ただしこうした機関の設置は専斎の進める「健康保護」事業にとって必要な措置ではあるが十分ではなかった。明治十五年以降、政府の有する「衛生行政権」の意義が住民に承認されていないことが問題視されるようになったのである。また検疫を進める際には外国からは「衛生行政権」の所在が不明確であるがゆえに協力が得られないといった事態が生じていた。そこで中央衛生会委員であった池田謙斎や高木兼寛は、山田顕義内務卿の支持を取りつけながら「衛生官」の設置を求めた。この池田らの行動は専斎の支持するところでもあった。結果的にこのときは、専斎や山田らの「衛生事務拡張論」を実現することはできなかった。しかしこのときの運動の成果として、毎年の衛生費の増額が認められ、内務省衛生局には地方衛生吏員を督察・教導する途は残されたのである。

そこでこれよりのち専斎は、自身や内務省衛生局の考えを地方の衛生担当吏員と共有するため、内務省衛生事務諮問会の開催を決定する。そして同会が開催されたことで、地方衛生行政の再編がはじまった。たとえば東京府では、府の衛生課と郡区衛生担当吏員との意見交換の場が設定され、さらに町村衛生委員の実態調査も開始された。加えて、府県連合衛生会が開催されたことで、府県間、そして府県と内務省との連絡体系の強化も図られた。「健康保護」事業を進めるにあたり、府県以下と連携しようとする専斎の構想にとってこうした動きは重要であった。

また医学等学術の「政務的運用」を効果的に進めるためには住民の理解も必要となる。そこで先の会が開催された直後、今度は大日本私立衛生会を設立し、住民と健康情報の共有を図るべく専斎は尽力する。「健康保護」事業の推進にとって専斎は「官」の役割に加えて、「民」の役割も重要としていたのである。専斎は「官」と「民」の協調の実現こそ、衛生事業の成否にとって重要と考えた。そのため、明治二十三年の「心得書」が出されると、「官」と「民」の役割が設定されていたことから、この新たな「心得書」の運用にも専斎は期待したのである。

さらに住民の健康のためには上・下水道の普及も必要とされた。住民はコレラ菌に汚染された水を通じて感染し、患者となった。専斎は環境衛生の分野にも政府が介入することの正当性を理解し、その進展のために精力的に活動した。その結果、明治期の上・下水道事業は進展したのである。

東京市区改正事業の一環として東京における水道事業の推進が決定されたことで、水道条例の制定が実現する。同条例では地方長官と住民との間の権利と義務、すなわち「官」の果たす役割と「民」の果たす役割がそれぞれ示され、相互に協調することで、水道事業の進展が目指された。「健康保護」事業への取り組みには「官」と「民」

の協調が重要とする専斎の構想は、ここに具体化された。そしてこの水道事業への取り組みは専斎にあって、「文明ノ市街」を建設するための試みでもあった。専斎は衛生と「文明」の関係性は深いと考えていたのである。

公人としての専斎は、初代内務省衛生局長として多くの仕事をなしたが、家庭にあって専斎は、長与家の家長として、そして八人の子女の父親として、彼らと分かちがたい大切な時間を共有した。二女の藤子は夭逝するも、その他の子女たちは、みなそれぞれの道で、与えられた役割を果たしていったのである。

子供とのふれ合いを通じて彼らの成長に立ちあっただけでなく、専斎は自らはじめた衛生行政における後進の育成にも取り組んだ。留学から帰国した後藤新平には衛生局長のポストを用意し、北里柴三郎のためには伝染病研究所を設立した。専斎は期待に堪える部下を有していたといえよう。

さらに専斎には、福沢諭吉との関係にみえるように適塾以来の友人、長州出身の井上馨や山田顕義などの人脈、あるいは池田謙斎や高木兼寛など医学の知識に通暁した有能な面々の支援があった。こうした人脈を背景に専斎は初代内務省衛生局長として の職責に向きあった。伝染病予防をはじめとする近代日本の「健康保護」事業は、専斎の構想と行動とによって先鞭が付されたのである。

〈長与専斎略年譜〉

元号	西暦	年齢（かぞえ）	事項
天保 九	一八三八	一	八月二十八日、肥前彼杵郡大村に生まれる。
十二	一八四一	四	正月十三日、父中庵病没。
弘化 三	一八四六	九	九月、祖父俊達の嫡子となる。
嘉永 二	一八四九	十二	五月、大村藩藩校五教館に入学する。
安政 元	一八五四	十七	六月、適塾の塾生となる。
二	一八五五	十八	二月、祖父俊達病没する。四月、家督を継ぐ。
五	一八五八	二十一	適塾頭となる。
万延 元	一八六〇	二十三	十二月、適塾頭を辞す。
文久 元	一八六一	二十四	春、長崎に赴き、医学伝習所に入り、ポンペの教えを受ける。
二	一八六二	二十五	大村藩士後藤多仲の娘園子との結婚が決まる。
元治 元	一八六四	二十七	一月、藩命により大村に帰る。園子との結婚生活が始まる。二月、世子療養掛となる。四月、侍医となる。
慶應 元	一八六五	二十八	藩主大村純熈狙銃で負傷する。専斎が治療のため長崎に呼ばれる。ボードウィンに治療法について教えを受け、治療に成功する。四月、養生所が精得館と改称される。

二	一八六六	二十九	正月、長男称吉生まれる。四月、藩命により再び長崎に赴き、ボードウィンより西洋医学を学ぶ。
四	一八六八	三十一	正月、長崎奉行所崩壊。同月、精得館頭取となる。また精得館が長崎医学校と改称されると、その学頭となる。マンスフェルトとはかり、医学教育制度の改革を進める。九月、改元、明治となる。
明治 三	一八七〇	三十三	三月、長崎医学校が「大学」の所管となり、少博士となる。
四	一八七一	三十四	七月、文部省設置。同月、命により上京。同月、文部少丞に任じ、兼ねて文部中教授となる。十月、田中不二麿文部理事官の欧米派遣に付、その随行となる。
五	一八七二	三十五	三月、長女保子生まれる。
六	一八七三	三十六	三月帰朝。大村の家に寄り、家族との対面を果たす。六月、文部省医務局長となる。輸入薬品の検査のため、司薬場を、東京、大阪、京都に設置する。
七	一八七四	三十七	三月、医制制定。医師及び薬舗の試験制度、衛生担当吏員・医務取締設置等の令達を逐次三府に施行し、その後各県に及ぶ。四月、文部省四等出仕に補し、従五位に叙せられる。六月、牛痘種継所を東京府下に設ける。九月、東京医学校長となる。
八	一八七五	三十八	二月、二男程三生まれる。六月、衛生事務が内務省の所管となる。これに伴い、内務省四等出仕兼文部省四等出仕に補し、内務省衛生局長となる。
九	一八七六	三十九	二月、内務大丞に任じ、文部省四等出仕に兼補される。東京医学校長たること従来どおり。七月、アメリカのフィラデルフィアにおいて独立百周年記念博覧会に臨み、あわせて万国医学会に出席する。この出張の際、諸州の衛生局を訪れ、衛生事務執行の状況を巡覧する。十二月、東京医学校を本郷の旧加賀藩邸に移す。

十	一八七七	四十	一月、内務大書記官に任じ、改めて衛生局長を命ぜられる。また文部省御用掛を兼ね、東京医学校長勤務を命ぜられる。四月、医学校を改称して東京大学医学部とし、医学部総理心得となる。五月、横浜司薬場開設。八月、虎列剌病予防心得が出される。専斎は予防の実務を指導・督察して猖獗を制するため尽力する。十月、大久保利通内務卿に「衛生意見」を提出する。
十一	一八七八	四十一	四月、三男又郎生まれる。
十二	一八七九	四十二	七月、中央衛生会を内務省中に設置し、その委員となる。八月、二女藤子生まれる。十二月、中央衛生会を常設とし、地方には地方衛生会を設置する。
十三	一八八〇	四十三	七月、伝染病予防規則を制定する。九月、伝染病予防法心得書を公布する。
十四	一八八一	四十四	十二月、内務省三等出仕に補し、内務省衛生局長となる。同月、中央衛生会副長となる。
十五	一八八二	四十五	一月、日本薬局方編纂委員となる。
十六	一八八三	四十六	二月、「衛生事務拡張に対する意見」を山田顕義内務卿に提出する。池田謙斎及び高木兼寛の「衛生事務拡張論」に同調し、実現を図るためなり。六月、勲四等に叙せられる。七月、東京検疫局幹事長を命ぜられる。十二月、内務省三等出仕に補し、改めて衛生局長を命ぜられる。
十七	一八八四	四十七	二月、内務省衛生事務諮問会を開催する。同月、正五位に叙せられる。九月、四男裕吉生まれる。この年、大日本私立衛生会の開催を実現し、「公衆衛生法」を民間に普及することを目指す。
十八	一八八五	四十八	一月、東京市区改正審査委員となる。

十九	一八八六	四十九	二月、官制改革が行われる。三月、内務省衛生局長となる。四月十四日、奏任官一等に叙せられる。同月二十七日、元老院議官となる。同月同日、勅任官二等に叙せられる。五月、虎列刺病予防消毒心得書が出される。
二十	一八八七	五十	十二月、修正虎列刺病予防消毒心得書が出される。
二十一	一八八八	五十一	五月、日本薬局方調査委員長となる。九月、東京市区改正委員となる。
二十二	一八八九	五十二	九月、医術開業試験委員長となる。
二十三	一八九〇	五十三	八月六日、中央衛生会長を兼任する。元老院議官元のごとし。同月同日、勅任官二等に叙せられる。九月、貴族院議員となる。十月、伝染病予防及消毒心得書が出される。
二十四	一八九一	五十四	八月、内務省衛生局長を辞す。
二十五	一八九二	五十五	一月、宮中顧問官となり、中央衛生会長を兼任する。十一月、高等官二等となる。
二十七	一八九四	五十七	十月、高等官一等に陞叙せられ、中央衛生会長となる。
二十八	一八九五	五十八	四月、臨時検疫局長を命ぜられる。六月、勲二等に叙し、瑞宝章を授けられる。
二十九	一八九六	五十九	五月、旭日重光章を授けられる。
三十	一八九七	六十	三月、伝染病予防法案審議のための特別委員会委員となる。六月、宮中顧問官となる。
三十一	一八九八	六十一	一月、従三位に叙せられる。
三十三	一九〇〇	六十三	六月、臨時検疫局副総裁を兼任する。
三十四	一九〇一	六十四	六月、大日本私立衛生会頭となる。

三十五	一九〇二	六十五	八月十六日、特旨を以て正三位に叙せられ、同日、勲一等に叙し、瑞宝章を授けられる。九月八日、危篤となり、天皇及び皇后陛下より、菓子折り下賜。同日、日ヶ窪の自宅にて逝去。十二日、東京市青山墓地に埋葬。

※この略年譜は、国立公文書館所蔵「職務進退・元老院　勅奏任官履歴原書」、小川鼎三・酒井シヅ校注『松本順自伝・長与専斎自伝』平凡社、一九八〇年、外山幹夫『医療福祉の祖　長与専斎』思文閣出版、二〇〇二年、拙稿「コレラ予防の『心得書』と長与専斎」、同「衛生官僚たちの内務省衛生行政構想と伝染病予防法の制定」をもとに作成した。

〈主要参考資料及び文献〉

国立公文書館所蔵「公文録」。
「公文類聚」。
『中央衛生会年報』。
『法規分類大全』。
新聞（『時事新報』、『東京日日新聞』、『横浜毎日新聞』）。
『官報』。
大日本私立衛生会『大日本私立衛生会雑誌』（日本公衆衛生協会所蔵）。
内務省編『明治期衛生局年報』東洋書林、一九九二年。
厚生省『医制八十年史』印刷局朝陽会、一九五五年。
厚生省『医制百年史』（記述編・資料編）ぎょうせい、一九七六年。
大霞会『内務省史』（全四巻）原書房、一九八一年。
東京帝国大学編『東京帝国大学五十年史』（上・下）東京帝国大学、一九三二年。
大日方純夫ほか編『内務省年報・報告書』三一書房、一九八二年。
相川忠臣『出島の医学』長崎文献社、二〇一二年。
石黒忠悳『懐旧九十年』大空社、一九九四年。
犬養健ほか『父の映像』筑摩書房、一九八八年。
犬養道子『花々と星々と』中央公論社、一九七四年。
岩淵平七郎『長与善郎（評伝・人と作品）』、一九八八年。
大町桂月『伯爵後藤象二郎』大空社、一九九五年。
小川鼎三・酒井シヅ校注『松本順自伝・長与専斎自伝』平凡社、一九八〇年。

小川原正道『福沢諭吉―「官」との闘い』文芸春秋、二〇一一年。

色川大吉『日本の歴史―近代国家の出発』中公文庫、二〇〇六年。

岡田晴恵『人類ｖｓ感染症』岩波ジュニア新書、二〇〇四年。

大森弘喜『フランス公衆衛生史―一九世紀パリの疫病と住環境』学術出版会、二〇一四年。

小高健編『長与又郎日記』（上・下）学会出版センター、二〇〇一年。

柿本昭人『健康と病のエピステーメー』ミネルヴァ書房、二〇〇一年。

笠原英彦編『日本行政史』慶応義塾大学出版会、二〇一〇年。

笠原英彦・桑原英明編『日本行政の歴史と理論』芦書房、二〇〇四年。

梶田昭『医学の歴史』講談社学術文庫、二〇〇三年。

片岡寛光『行政学の要点整理』実務教育出版社、一九八三年。

川喜田愛郎『近代医学の史的基盤』（上・下）岩波書店、一九七七年。

河野熊太郎『改正新条例纂要』梶田喜蔵、一八八八年。

北岡伸一『後藤新平』中公新書、一九八八年。

　　『独立自尊』講談社、二〇〇二年。

北里柴三郎「医道論」（北里柴三郎記念室所蔵）。

北沢英雄『慶應義塾医学部』福永書店、一九八六年。

慶應義塾『慶應義塾百年史』慶應義塾、一九五八年～一九六九年。

小林丈広『近代日本と公衆衛生―都市社会史の試み―』雄山閣出版、二〇〇一年。

姜克實『近代日本の社会事業思想―国家の「公益」と宗教の「愛」』ミネルヴァ書房、二〇一一年。

副田義也『内務省の社会史』東京大学出版会、二〇〇七年。

外山幹夫『医療福祉の祖　長与専斎』思文閣出版、二〇〇二年。

酒井シヅ『病が語る日本史』講談社、二〇〇二年。

史伝編纂所『日本之名勝』丸善ほか、一九〇一年。

清水唯一朗『近代日本の官僚―維新官僚から学歴エリートへ』中公新書、二〇一三年。

新藤宗幸『技術官僚―その権力と病理』岩波新書、二〇〇二年。

新村拓編『日本医療史』吉川弘文館、二〇〇六年。

菅谷章『日本医療制度史』原書房、一九七六年。

多田羅浩三『公衆衛生の思想―歴史からの教訓』医学書院、一九九九年。

鶴見祐輔『〈決定版〉正伝・後藤新平』(一～八)藤原書店、二〇〇四年～二〇〇六年。

東京慈恵会医科大学史料室『高木兼寛の生涯』東京慈恵会医科大学、二〇〇六年。

永井久一郎『巡欧記実衛生二大工事』忠愛社、一八八七年。

長木大三『北里柴三郎とその一門』慶應通信、一九八九年。

長崎大学附属図書館編『マンスフェルトが見た長崎・熊本―古写真で見る近代医学校の成立』長崎文献社、二〇一二年。

長与専斎『松香私志』長与称吉、一九〇二年。

「衛生意見」(国立国会図書館憲政資料室所蔵)。

長与博士記念会『長与又郎伝』大空社、一九九八年。

長与又郎編『松香遺稿』、一九三四年。

長与善郎『結婚の前』新潮社、一九一七年。

『見つゝ思う』北方文化出版社、一九四三年。

『わが心の遍歴』筑摩書房、一九五九年。

『竹沢先生といふ人』岩波文庫、一九六〇年。

夏目漱石『思い出すことなど　他七編』岩波文庫、一九八六年。

波平恵美子『医療人類学入門』朝日選書、一九九四年。

日本医事新報臨時増刊『近代名医一夕話』日本医事新報社、一九三七年。

林田敏子・大日方純夫編『警察』ミネルヴァ書房、二〇一二年。

伴忠康『適塾と長与専斎―衛生学と松香私志』創元社、一九八七年。

福沢諭吉(校訂・校注　土橋俊一)『福翁自伝』講談社学術文庫、二〇一〇年。

福田眞人『北里柴三郎―熱と誠があれば―』ミネルヴァ書房、二〇〇八年。

藤野恒三郎監修『緒方洪庵と適塾』適塾記念会、一九九三年。

古野伊之助編『岩永裕吉君』岩永裕吉君伝記編纂委員会、一九四一年。

前田治『改正虎列拉病予防消毒心得書』前田治、一八八七年。

松田誠『脚気をなくした男　高木兼寛伝』講談社、一九九〇年。

港区立港郷土資料館編『増補　港区近代沿革図集』（麻布・六本木）港区立港郷土資料館、二〇一〇年。

宮島幹之助『北里柴三郎伝』北里研究所、一九三二年。

吉川龍子『日赤の創始者　佐野常民』吉川弘文館、二〇〇一年。

吉富重夫『行政学』有信堂、一九五三年。

若宮卯之助『森村翁言行録』大倉書店、昭和四年。

大鳥蘭三郎「わが国『医制』を確立した長与専斎」『日本及日本人』（一五一三）、一九七二年。

小島和貴「コレラ予防の『心得書』と長与専斎」『法学研究』（八二―二）、二〇〇九年。

「長与専斎の衛生行政論とコレラの流行」『人間福祉学会誌』（十一―一）、二〇一一年。

「盟友・後藤新平と挑んだ、伝染病予防と公衆衛生―国を支えた若き衛生官僚たち」『東京人』（三一三）、二〇一二年。

「衛生官僚たちの内務省衛生行政構想と伝染病予防法の制定」『法政論叢』（五一―二）、二〇一五年。

「『衛生工事』の進展にみる長与専斎の衛生行政構想」『桃山法学』（二八）、二〇一八年。

「長与専斎―近代日本衛生事業の提唱者」『機』（三一四）藤原書店、二〇一八年。

「近代日本『健康保護』事業のための仕組みづくり―長与専斎文部省医務局長及び内務省衛生局長時代を中心として」『桃山法学』（二九）、二〇一八年。

後藤　稠「ヨハン　ペーター　フランク―生い立ち（一七四五）からゲッチンゲン大学赴任（一七八四）まで―『生命保険文化研究所所報』（四一）、一九七七年。

阪上　孝「公衆衛生の誕生―『大日本私立衛生会』の成立と展開」『経済論叢』（一五六―四）、一九九五年。

佐々木恭之助「三宅秀とその周辺」『日本医史学雑誌』（五一―三）、二〇〇五年。

武田美文ほか「Robert Kochによるコレラ菌発見一〇〇年」『日本細菌学雑誌』三九―四、一九八四年。

竹原万雄「明治一〇年代におけるコレラ予防と地域社会」『日本歴史』(六八一)、二〇〇五年。

「『伝染病予防法』の制定とその背景」『東北芸術工科大学東北文化研究センター研究紀要』(八)、二〇〇九年。

長与健夫「医学者長与専斎とその一族」『歴史と旅』(二七―六)、二〇〇〇年。

長与程三「多く報酬を受くる者は多く働くべし」『実業之世界』(一五―四)、一九一八年。

堀江幸司ほか「『長与衛生文庫』(一)設立趣旨の発表から開庫までの経緯」『医学図書館』(三三―二)、一九八六年。

松山圭子「明治七年『医制』制定に関する若干の考察―医業の資格制度誕生をめぐって―」『法学政治学論究』(一四)、一九九二年。

三浦豊彦「労働衛生学史序説―繊維産業の勃興とその労働、『身体労働論』の翻訳、後藤新平の『職業衛生法』―」『労働科学』(五三―九)、一九七七年。

茂木惣兵衛「茂木家の没落」『中央公論』(五四三)、一九三三年。

George Rosen (1993), *A History of Public Health, Expanded Edition*, (Baltimore, London: The Johns Hopkins University Press).
Henry Ernest Sigerist (1932), *Große Ärzte: eine Geschichte der Heilkunde in Lebensbildern* (München: J.F. Lehmanns) / translated by Eden and Cedar Paul (1933), *The Great Doctors: A Biographical History of Medicine* (New York: W.W. Norton & Company).
Mark Harrison(2005), *Disease and the Modern World, 1500 to the present Day*, (Cambridge, Malden: Polity Press).
Ann Bowman Jannetta "From Physician to Bureaucrat: the case of Nagayo Sensai" in *New Directions in the Study of Meiji Japan*, ed. Helen Hardacre with Adam L. Kern (Leiden, New York, Cologne: Brill, 1997).
Kazutaka Kojima "A Bureaucrat's Vision of a Modernized Japan : The Case of Sensai Nagayo" in *Korean Journal of Social Science*, 37-1, 2018.
Mahito H. Fukuda "Public Health in Modern Japan: From Regimen to Hygiene" in *The History of Public Health and the Modern State*, ed. D. Porter (Amsterdam, Atlanta: Rodopi, 1994).

あとがき

長与専斎とかかわるようになって随分と長い月日がたった。学生時代読んだ本には、日本の政治は官僚主導であるとの認識が強く打ち出されていた。西欧諸国の経験からすると、福祉国家の形成とともに官僚の役割も大きくなる傾向がある。ところがわが国では、福祉国家の形成とは関係なく、戦前より官僚が国家の形成に主要な役割を演じてきたというのである。わたくしは国家の運営と官僚という視点に興味をもったものの、どのようなアプローチが有効であるのかをなかなか見出せずにいた。図書館に出かけては官僚に関する書物を紐解いていると、官僚の足跡を整理することが、その国の官僚を知る手掛かりになると思いたち、戦前日本の官僚や官僚制に関する業績を整理するようになった。その結果、不平等条約の改正、富国強兵、殖産興業、法典編纂、憲法の制定等は明治国家の重要な案件であったことがしきりに論じられる一方、やはり明治期の住民や官僚にとって重大問題であったはずのコレラをはじめとする伝染病や衛生の問題についてはあまり関心が払われていないことに気づき始めた。そして明治政府の伝染病対策を調べていくと、長与専斎に行きついたのである。

これまでわたくしは、近代日本を代表する衛生官僚として長与専斎を取り上げ、その構想とその構想の具体化の解明に取り組んできた。そしてこの度、長崎文献社の「長崎偉人伝」という企画の一つとして長与専斎が取り上げられることとなり、執筆の依頼を受けたのである。同社編集長の堀憲昭氏にはただただ感謝するばかりである。堀氏から企画の趣旨をご説明いただいたのち、わたくしは明治期日本の建設という視点から長与専斎の果たした役割を意識し、改めて専斎をとらえなおす試みをおこなうこととした。その成果が本書である。

本書は多くのすぐれた先行業績なくして成立しえないが、このうちとくに本書との関係において重要と思われるものに関しては「主要参考資料及び文献」として明示させていただいた。

専斎の曽孫平山洋二先生からは、日本の医学や医療の歩みについて直接ご教示いただいた。大阪大学適塾記念センター、慶應義塾福澤研究センター、奥州市立後藤新平記念館、後藤・安田記念東京都市研究所、北里研究所北里柴三郎記念室、桃山学院大学附属図書館をはじめとする関係機関の皆様にも大変お世話になった。そして恩師、同僚等からは貴重なご指導、ご助言を賜った。心より感謝申し上げる次第である。

著者略歴
小島　和貴（こじま　かずたか）

慶應義塾大学大学院法学研究科後期博士課程単位取得。
テキサス大学リサーチフェロー、桃山学院大学法学部准教授等を経て、
現在、桃山学院大学総合研究所所長、同大学法学部教授、博士（法学）（慶應義塾大学）。

長崎偉人伝
長与専斎

発行日	2019年5月30日　初版第1刷　2021年4月7日　第2刷
著者	小島　和貴（こじま　かずたか）
発行人	片山　仁志
編集人	堀　　憲昭
発行所	株式会社 長崎文献社 〒850-0057 長崎市大黒町3-1　長崎交通産業ビル5階 TEL095-823-5247　ファックス095-823-5252 HP:http://www.e-bunken.com
印刷・製本	株式会社 インテックス

ISBN978-4－88851－316-6　C0023